Reiseführer

W0096186

Dresden

von Elisabeth Schnurrer und Axel Pinck

 ADAC Top Tipps

Das müssen Sie gesehen haben!
Die zehn Top Tipps bringen Sie
zu den absoluten Highlights.

 ADAC Empfehlungen

Unterwegs gut beraten: Diese
25 ausgesuchten Empfehlungen
machen Ihren Urlaub perfekt.

Preise für ein DZ mit Frühstück:
€ | bis 90 €
€€ | bis 150 €
€€€ | ab 150 €

Preise für ein Hauptgericht:
€ | bis 13 €
€€ | bis 26 €
€€€ | ab 26 €

■ Intro

■ ADAC Quickfinder

Hier finden Sie die Orte, Sehenswürdigkeiten und Attraktionen, die perfekt zu Ihnen passen.

■ Unterwegs

■ Service

Alle wichtigen reisepraktischen Informationen – von der Anreise über Notrufnummern bis zu den Zollbestimmungen.

Umschlag:

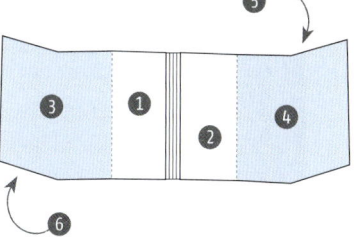

ADAC Top Tipps: Vordere Umschlagklappe, innen ❶

ADAC Empfehlungen: Hintere Umschlagklappe, innen ❷

Übersichtskarte Innenstadt: Vordere Umschlagklappe, innen ❸
Übersichtskarte Stadtgebiet: Hintere Umschlagklappe, innen ❹
Verkehrslinienplan: Hintere Umschlagklappe, außen ❺
Ein Tag in Dresden: Vordere Umschlagklappe, außen ❻

3

Heiteres Ambiente und Kunstschätze ohnegleichen

Malerische Barockbauten, zahllose Kulturhighlights und die »sächs'sche Gemiedlischgeed« verleihen der Stadt an der Elbe ihr einzigartiges Flair

Überwältigend schön präsentiert sich die Semperoper

Auf engstem Raum versammeln sich in der Dresdner Altstadt am linken Elbufer monumentale Prachtbauten wie Residenzschloss, Zwinger und Frauenkirche. Der berühmte Canaletto-Blick auf das Gesamtensemble bietet sich vom Garten des Japanischen Palais am gegenüberliegenden Neustädter Elbufer aus. Tatsächlich wie ein Gemälde entfaltet sich hier die Altstadt-Silhouette mit Augustusbrücke, Kathedrale SS. Trinitatis, Brühlscher Terrasse und Domkuppel.

Inmitten all dieser Pracht bummeln Besucher entspannt durch die Gassen und Straßen. Zu stimmungsvollen Pausen laden Cafés etwa an der Brühlschen Terrasse ein. Hier können Sie den regen Betrieb der historischen Schaufelraddampfer beobachten, die am Ufer an- und ablegen, oder Sie genießen einfach den traumhaften Ausblick über die Elbe auf die Dresdner Neustadt– das ist Dresdner Dolce Vita.

Vielfältige Stadtkultur

Dabei ist auch die Natur in Form herrlicher Parks und Gärten nicht weit, immerhin ist Dresden eine der grünsten Städte Europas. Überdies ist seine

Zum feierlichen Höhepunkt eines Dresden-Tages aber geht es in das Theater. Die weltberühmte Semperoper etwa verzaubert mit traumhaften Klängen ebenso wie mit ihrer Architektur, das Schauspielhaus begeistert mit flotten Interpretationen großer Klassiker und frechen Inszenierungen junger Dramatiker. Wer noch mehr Begeisterung braucht, stürzt sich ins bunte Nachtleben der Neustadt mit ihrer trendigen Bar- und Clubszene.

Das Erbe der Kurfürsten

Geradezu allgegenwärtig ist in der Dresdner Stadtgeschichte August der

Blick in die Kuppel der Frauenkirche (unten) – Gesellige Gemütlichkeit beim Sommerfest in Hellerau (ganz unten)

Lage traumhaft. An den Ufern der Elbe kann man wunderbar spazieren gehen oder picknicken, auf den Elbwiesen in einem Liegestuhl Events wie das alljährliche Open-Air-Kino oder das Feuerwerk beim Canaletto-Stadtfest genießen, beim Drachenbootrennen am Blauen Wunder die Ruderer anfeuern oder beim Stöbern auf dem Elbeflohmarkt allerlei Kurioses entdecken.

Modernes Design der Gläsernen Manufaktur (oben) – Kreutzkamms Paradies für Naschkatzen (Mitte) – Sommerfreuden am Japanischen Palais (unten)

schen Hof. Während seiner Regierungszeit entstanden monumentale Prachtbauten, darunter der Zwinger in der Altstadt und weiter elbaufwärts Schloss Pillnitz.

Zudem waren sowohl August der Starke wie auch sein Sohn Friedrich August II. leidenschaftliche Kunstsammler. Gut für heutige Kunstfreunde, die die angehäuften Schätze nun in Residenzschloss und Zwinger bestaunen können. Funkelnde Juwelen, filigrane Figuren aus Elfenbein und Märchengebilde in Gold und Silber füllen die oft eigens für sie gestalteten Säle des Neuen Grünen Gewölbes, des Historischen Grünen Gewölbes und der Türckischen Cammer im Residenzschloss.

Schön ist es auch im Zwingerhof, wo zu den Wasserspielen viertelstündlich

Starke (1670–1733). Der Kurfürst und zeitweise polnische König in Personalunion war wohl die mächtigste und schillerndste Figur am hiesigen sächsi-

die 40 Glocken des Porzellanpavillons Melodien aus Antonio Vivaldis »Die vier Jahreszeiten« erklingen lassen. Über solch irdische Dinge erhaben ist in der nahen Gemäldegalerie Alte Meister Raffaels »Sixtinische Madonna« (1512/13) mit den beiden lausbübisch gen Himmel blickenden Engelchen. Alljährlich strömen mehr als 500 000 Besucher in den Semperbau, allein um dieses grandiose Meisterwerk der Renaissance zu sehen.

Kreative Köpfe der Elbmetropole

Junge Leute aus ganz Deutschland zieht es in die Stadt, um an einer ihrer neun Hochschulen zu studieren. Auch sie prägen die urbane Kultur Dresdens. In der Neustadt findet man wissenschaftliche Buchläden, in denen abends Poetry Slams stattfinden, und ostalgische Szeneläden, die DDR-Erinnerungsstücke zwischen Kitsch und

Kult anbieten. Aufstrebende Designer zeigen in Schaufenstern ihre Entwürfe und setzen vom High-Fashion-Kleid bis zum Ringelpulli modische Akzente. Hier bietet die Bio-Suppenbar neben der Currywurstbude und dem sächsisch-mediterranen Gourmetrestaurant kulinarische Köstlichkeiten an.

> *Dresden hat mir große Freude gemacht […]. Es ist ein unglaublicher Schatz aller Art an diesem schönen Orte.*

Johann Wolfgang von Goethe (1749–1832), Brief an Carl Ludwig von Knebel 1791

Inspiration und Innovation liegen und lagen in Dresdens Straßen in der Luft. Nicht umsonst gründeten im Jahr 1905 vier Architekturstudenten hier die expressionistische Künstlergrup-

In der Äußeren Neustadt gibt es versteckte Kleinode zu entdecken

pe »Brücke«, die mit ihrer wilden, farbenfrohen Malerei bald Furore machen sollte. Heute sieht man die energiegeladenen Bilder von Ernst Ludwig Kirchner, Karl Schmidt-Rottluff und Co. in der Galerie Neue Meister des Albertinums.

Inspirieren ließen sich die Brücke-Künstler von den mal lieblichen, mal urtümlichen Landschaften im Dresdner Umland. »Zurück zur Natur« war zu Beginn des 20. Jh. auch das Credo von Karl Schmidt, Gründer der ersten deutschen Gartenstadt in Hellerau. Dort fertigten die Mitarbeiter der »Deutschen Werkstätten für Handwerkskunst« moderne Reformmöbel, die Maßstäbe in puncto Design und Funktionalität setzten. Sie erfreuen sich auch heute (wieder) großer Beliebtheit. Ebenfalls häufig sieht man in Dresdner Wohnzimmern Teeservice der Porzellan-Manufaktur Meissen – stilecht mit blau-weißem Zwiebelmuster. Die edlen Teller und Tassen haben hier Tradition, seit im Jahr 1708 der Alchemist Johann Friedrich Böttger im Königreich Dresden das erste europäische Porzellan herstellte.

Dresdner Wein und Wunder

Auch ansonsten hat das Dresdner Umland viel zu bieten. Spritziger Müller-Thurgau und Riesling zum Beispiel gedeihen in der sonnenverwöhnten Landschaft der Lößnitz. Manche Kellerei bietet hier eine Gutsführung und Degustation, mit oder ohne Spaziergang durch die malerischen Weinberge. Gemütlicher ist freilich eine kleine Elbschifffahrt, elbabwärts etwa über das »Karl-May-Mekka« Radebeul oder

Der Elbe-Radweg verbindet Landschaftsgenuss und Freizeitspaß

elbaufwärts über Pirna bis zum Elbsandsteingebirge. Oder wie wäre es mit einem entspannten Ausflug auf dem Elbe-Radweg durch die Sächsische Schweiz, einer beschaulichen Wanderung vorbei an den romantischen Schlössern und Burgen oder, für Wagemutige, mit Freeclimbing auf bizarren panoramareichen Felstürmen im Elbsandsteingebirge?

Für herrliche Ausgucke muss man Dresden aber gar nicht verlassen. Weit sieht man etwa vom Turm der Kreuzkirche, nahebei erhebt sich die elegante Kuppel der Dresdner Frauenkirche am Neumarkt, ein Symbol des Weltfriedens und des Wiederaufbaus. Die Zerstörung Dresdens im Jahr 1945 war total, seine glorreiche Auferstehung als barocke Architekturperle wirkt noch heute wie ein Wunder.

Fläche 328,5 km², etwas größer als München, das aber dreimal so viele Einwohner zählt

Einwohner Rund 550 000 und damit auf Rang 12 der größten Städte Deutschlands

Verwaltung Dresden ist die Landeshauptstadt des Freistaats Sachsen.

Natur 63 % der Stadt sind Grün- und Waldflächen, darunter 4 Natur-, 11 Landschafts- und 3 Vogelschutzgebiete sowie 112 Natudenkmäler.

Tourismus Jährlich 4,3 Mio. Übernachtungen von gut 2 Mio. Besuchern (2016), davon knapp 20 % aus dem Ausland, von diesen wiederum rund 70 % aus Europa

Religion Ca. 80 % der Dresdner sind konfessionslos, 15 % evangelisch, 4 % römisch-katholisch.

Namensvettern Weltweit gibt es 14 Orte namens Dresden, im All sogar einen Asteroiden von 10 km Durchmesser, der unsere Sonne zwischen Mars und Jupiter umkreist.

Traditionsgebäck Mindestens ein Mal ist Pflicht: Eierschecke zum Nachmittagskaffee und Christstollen zum weihnachtlichen Glühwein.

Erfindungen Ohne findige Dresdnerinnen und Dresdner hätten wir weder Bierdeckel noch Zahncreme, Büstenhalter, Kaffeefilter, Teebeutel, Tonband oder Frotteehandtücher.

Das will ich erleben

Jeder kennt den berühmten Canaletto-Blick: von der Neustadt über die Elbe auf das mit markanten Türmen und Kuppeln lebhaft akzentuierte historische Panorama der Altstadt am gegenüberliegenden Flussufer. Tatsächlich prägt ein einzigartiges Ensemble historischer Prachtbauten wie Frauenkirche und Zwinger die sächsische Landeshauptstadt. Und doch hat das strahlende Elbflorenz noch viel mehr zu bieten. Etwa die vielfältigen Vorstädte mit Gärten, Museen, Theatern, die lebenssprühende Neustadt oder das natur- und kunstschöne Elbtal außerhalb der Stadtgrenzen. Sehen Sie selbst …

Dresdner Wahrzeichen

Inbegriff des alten und des neuen Dresden ist die Frauenkirche, die steingewordene Mahnung zum Frieden. Sie ist auch zentral in der Stadtansicht des Vedutenmalers Canaletto aus dem 18. Jh., noch heute heißt die Aussicht vom Neustädter Ufer auf die Altstadt danach »Canaletto-Blick«. Als nicht minder prunkvolles Schmuckstück kam knapp 150 Jahre später die Rotunde der Semperoper hinzu.

Barocke Prachtbauten

Vor allem wegen ihres ebenso einzigartigen wie prachtvollen Ensembles barocker Architektur trägt Dresden den schmückenden Beinamen »Elbflorenz«. Besonders beeindruckend ist die Altstadt, wo u.a. der Zwinger und die Kathedrale SS. Trinitatis den Theaterplatz zieren. In der Neustadt zieht in dieser Hinsicht die Dreikönigskirche die Blicke auf sich.

Berühmte Museen

In den Dresdner Museen warten großartige Schätze darauf, gesehen und bewundert zu werden. Zu den ganz Großen in Sachen Kunst zählen das Grüne Gewölbe und die Galerie Neue Meister. Außergewöhnlich in Gegenstand und Aufbereitung ist dagegen das Deutsche Hygiene-Museum mit seinem erzieherischen Impetus.

Tolle Theater

Dresden besitzt und pflegt eine große Theatertradition. Die hält sowohl der Freistaat Sachsen an den zwei Bühnen des Schauspielhauses hoch als auch das tjg – Theater Junge Generation. Einen umfassenden Ansatz verfolgt das Europäische Zentrum der Künste Hellerau.

Weite Überblicke

Um bei all den Schönheiten, die Kunst, Kultur und Natur in und um Dresden zu bieten haben, den Überblick zu bewahren, muss man schon hoch hinaus. Auf den Turm der Kreuzkirche etwa, am grünen südlichen Stadtrand auf den Bismarckturm oder auf den Basteifelsen, die höchste Felsnadel im Elbsandsteingebirge.

Lockende Geschäfte

So vielfältig wie die Stadt selbst: Die Prager Straße war und ist das Schaufenster der Altstadt, Schaulustige strömen zu Pfunds Molkerei in der Neustadt und das Porzellan aus dem Hause Meissen ist weltbekannt.

Blühende Gärten

Zu den berühmten Dresdner Parks und Gärten zählen der Brühlsche Garten und die Elbauen. Mehr Raum nimmt der Große Garten in der Seevorstadt ein. Und im Elbtal waren dem Gestaltungswillen keine Grenzen gesetzt, wie das Beispiel Barockgarten Großsedlitz vermuten lässt.

Rauschende Feste

Die Dresdner feiern die Feste, wie sie fallen. Aber einige Termine sind feste Größen im Veranstaltungskalender der Stadt und ihrer Umgebung. Dazu gehören das große dreitägige Elbhangfest, die nicht minder ausgelassene Feier der Bunten Republik Neustadt und die Eröffnung der Schifffahrtssaison auf der Elbe.

Romantische Elbschlösser

Die sanften Hänge und Höhen des Elbtals sind an sich schon lieblich, kein Wunder, dass zahlreiche Adelsschlösser davon zusätzlich profitieren. Das beginnt noch in Dresden selbst mit Schloss Albrechtsberg und endet außerhalb noch lange nicht bei den kurfürstlichen Etablissements von Schloss Pillnitz und Schloss Moritzburg.

Leibliche Genüsse

Dem guten Leben sind die Dresdner nicht abgeneigt. Wer möchte ihnen das verdenken angesichts solch schmackhafter süßer Versuchungen wie Schecke oder Quarkkeulchen, des weihnachtlichen Dresdner Striezels und nicht zuletzt der spritzig leichten Weißweine aus dem Elbtal.

Stimmungsvolle Gastgärten

Zahlreich sind die Gelegenheiten, in lauschigen Biergärten und gemütlichen Weinschänken ein kühles Bier oder ein Glas guten Wein zu genießen. Herrliche Ausblicke bieten sie nicht selten obendrein, etwa die Terrasse des Yenidze, die Lingnerterrassen des gleichnamigen Schlosses oder die traditionelle Besenwirtschaft Schlossblick Pirna.

Unterwegs

Vom rechten Elbufer präsentiert Dresden ein prachtvolles Panorama der Altstadt, von der Kunstakademie über die Frauenkirche bis zum Residenzschloss und der Katholischen Hofkirche

Altstadt – Kostbarkeiten von Albertinum bis Zwinger

Barockes Gesamtkunstwerk königlicher Prachtbauten, Schatztruhe für Kunst und Kultur ohnegleichen

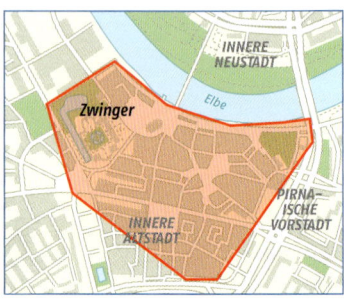

Seit Jahrhunderten fasziniert die malerische Silhouette der Dresdner Altstadt am linken Elbufer Besucher aus aller Welt. »Elbflorenz« heißt Dresden wegen dieser schier unglaublichen wie vielfältigen Ansammlung barocker Prachtentfaltung von Schlössern, Stadtpalais, Kirchen, Theater, Türmen, Lustgärten und Flaniermeilen. Zwar wirkten einige der wettinischen Herrscher Sachsens an ihrer Entwicklung mit, doch besonders eng ist die glanzvolle Stadt an der Elbe mit dem sinnenfrohen Kurfürsten August dem Starken verbunden. Er trug maßgeblich dazu bei, dass die architektonischen Schätze in dieser Fülle überhaupt erst entstanden – und dass sie ihrerseits Kunst von Weltrang bergen: alte Meister im Zwinger, neue Meister im Albertinum, einzigartige Gemälde, Grafiken und Stiche, Juwelen, Gold und Bernstein, Prunkwaffen, Porzellan und Preziosen ohne Zahl. Aus gutem Grund ist Dresden jedes Jahr Ziel von mehr als zehn Millionen internationalen Besuchern.

In diesem Kapitel:

ADAC Top Tipps:

1 **Semperoper**
| Bauwerk |
Große Opernkunst in prachtvollem architektonischem Rahmen. 18

2 **Zwinger**
| Museumskomplex |
Kunst und Kultur, auf ewig verbunden mit dem sinnenfrohen Sachsenkönig August dem Starken. 20

ADAC Empfehlungen:

1 Semperoper

Architektonisches Meisterwerk und Opernbühne von Weltruhm

- Tram 4, 8, 9 Theaterplatz
- Theaterplatz 2, www.semperoper.de, Ticket-Tel. 03 51/491 17 05, Tageskasse in der Altstädter Wache, dort auch Anmeldung für Führungen (45 Min.), Tel. 03 51/ 320 73 60, www.semperoper-erleben.de

Die Semperoper ist Deutschlands wohl berühmtester Rundbau, und das liegt nicht nur an der einprägsamen Fernsehwerbung für lokal gebrautes Bier. Der in seiner Form an eine Drei-Stufen-Torte erinnernde Sandsteinbau steht allein und dominiert den Theaterplatz im Nordwesten. Schon die Fassade im Stil der italienischen Hochrenaissance mit ihrer an einen antiken Triumphbogen erinnernden Exedra wirkt feierlich und erhaben. Innen erwartet Besucher Kunstgenuss vom Feinsten, die Ausstattung ist prachtvoll, die Akustik erstklassig, Sänger und Musiker gehören zur Weltspitze.

ADAC *Wussten Sie schon?*

… dass **Gottfried Semper** den Bau »seiner« Oper aus der Ferne begleitete, da ihm in Sachsen strafrechtliche Verfolgung wegen revolutionärer Umtriebe drohte? 1849 hatte er sich am Dresdner Maiaufstand beteiligt und musste danach als »Hauptträdelsführer« fliehen. Doch für den Opernneubau wollten die Dresdner Bürger keinen anderen. So lieferte Semper zwar die Pläne, aber die Bauleitung vor Ort übernahm sein Sohn Manfred.

Das Opernhaus wurde 1878 mit Carl Maria von Webers »Jubel-Ouvertüre« eröffnet. Auch bei der nach Kriegszerstörung zweiten Einweihung 1985 gab es zur Premiere wieder von Webers Klänge, diesmal »Der Freischütz«.

Am schönsten erlebt man die Semperoper im Rahmen einer Aufführung der Sächsischen Staatsoper, des Semper Opernballetts oder der Staatskapelle Dresden. Das abendliche Defilee der Gäste nehmen beidseits des Eingangs die Sitzfiguren der Dichterfürsten Goethe und Schiller ab, begleitet von vier Statuen ihrer Dichterkollegen Sophokles und Shakespeare links, Euripides und Molière rechts. Innen säumen mit Stuckaturen verzierte ionische Halbsäulen die Wände des Rundfoyers. Zusammen mit den dunkelroten Vorhängen und den goldglänzenden Kronleuchtern lassen sie den Raum festlich-erhaben wirken. Der 1300 Zuschauer fassende Theatersaal wurde mit den vier Rängen, der prunkvollen Königsloge und dem gewaltigen Kronleuchter nach den Originalplänen Gottfried Sempers wiederhergestellt.

◉ Sehenswert

Theaterplatz
| Platz |

Umgeben von weiteren monumentalen Bauten erstreckt sich vor der Semperoper der weite Theaterplatz, »die gute Stube« der Dresdener Altstadt. Das Reiterdenkmal in der Platzmitte zeigt den sächsischen König Johann hoch zu Ross, im echten Leben war er ein Intellektueller auf dem Thron. Die Statue zwischen Semperoper und Zwinger ehrt den Komponisten und Dirigenten Carl Maria von Weber.

Festlicher Rahmen für glanzvolle Aufführungen – die Semperoper

Altstädter Wache

| Bauwerk |

Im Südosten des Theaterplatzes fällt die mit ionischen Säulen geschmückte spätklassizistische Altstädter Wache ins Auge. Das 1832 vollendete Bauwerk geht auf Entwürfe von Friedrich Schinkel zurück, daher ihr Zweitname Schinkelwache. Hier taten einst Wachsoldaten Dienst, heute sind im Foyer die Kasse der Semperoper und ein Café untergebracht.

■ Theaterplatz 2 (ggü. Semperoper)

🍴 Restaurants

€€ | Italienisches Dörfchen Zur Elbe hin locken in dem lang gestreckten Gebäude im klassizistischen Stil mit Terrasse ein Café und zwei Restaurants mit sächsischer bzw. italienischer Küche. Ebenfalls dazu gehört der »kleine Italiener« im Basteischlösschen dahinter, direkt am Terrassenufer.
■ Theaterplatz 3, Tel. 03 51/49 81 60, www.italienisches-doerfchen.de, Do, Fr ab 15, Sa, So ab 12 Uhr

Cafés

Café Schinkelwache Moderner Kaffeegenuss in historischem Gebäude mit bestem Blick auf die Semperoper gegenüber. ■ Theaterplatz 2, Tel. 03 51/49 03 09, www.schinkelwache-dresden.de, tgl. 10–24 Uhr

Erlebnisse

Führungen Zu verschiedenen Themen werden Führungen durch die Semperoper angeboten, u.a. zu Architektur, Technik oder Ballett. Dauer jeweils 45 Min., 11 €, erm. 7 €.

Zwinger

Prunkvoller Rahmen für atemberaubende Kunstschätze

Der Zwinger präsentiert in seinen Sammlungen Kunstwerke der Superlative

ℹ Information

- Tram 4, 8, 9 Theaterplatz
- Theaterplatz 1, Tel. 03 51/49 14 20 00, www.der-dresdner-zwinger.de, Zwingerhof April–Nov. tgl. 5–22, Dez.–März tgl. 6–20 Uhr, 10 €, erm. 7,50 €. Zzt. sukzessive Sanierung, evtl. Einschränkungen
- Parken: siehe S. 21

 Außen und innen ein erlebnisreiches Fest für die Sinne

Der ab 1709 zunächst von Hofbaumeister Matthäus Daniel Pöppelmann im Auftrag Augusts des Starken erbaute Zwinger ist ein Paradebeispiel des Ba-

rock und eine der bedeutendsten Sehenswürdigkeiten Dresdens. Das Gebäudeensemble umfasst sechs durch Galerien miteinander verbundene Pavillons um einen 116 m x 204 m großen Hof mit Springbrunnen und symmetrisch angelegten Rasenflächen.

Der Name »Zwinger« stammt aus dem Mittelalter und bezeichnet einen Teil der Befestigungsanlagen zwischen der inneren und äußeren Festungsmauer. Militärischen Zwecken diente er allerdings nie, sondern war zunächst eine Orangerie. Später ließ August der Starke ihn zu einem Prunkbau für höfische Feste erweitern. Heute beherbergt er mit der Gemäldegalerie Alte Meister,

Plan
S. 22

Gesamtanlage ein. Sein markanter Mittelrisalit mit Kuppel ist antiken Triumphbögen nachempfunden.

Seit seiner Eröffnung beherbergt der Semperbau die Gemäldegalerie Alte Meister, eine hochkarätige Sammlung europäischer Kunst aus dem 15.–18. Jh. Glanzvoll vertreten sind vor allem Bilder der deutschen und italienischen Renaissance sowie flämische und niederländische Malerei des 17. Jh. Zu sehen sind Meisterwerke von Tizian und Correggio, von Jan Vermeer van Delft, Rembrandt, Peter Paul Rubens und Anthonis van Dyck, von Albrecht Dürer und Lucas Cranach d. Ä., Murillo, El Greco, Poussin und Watteau – um nur einige zu nennen.

Star der Sammlung ist Raffaels »Sixtinische Madonna« (1512/13), die inmitten weicher Wolken zärtlich das Jesukind in den Armen hält. Berühmtes Detail:

ADAC *Mobil*

Unter dem Motto »**Dresden genießen – fairgünstigt parken**« können Sie für 5 € von 9–23 Uhr in der Tiefgarage Frauenkirche/Neumarkt (S. 42) parken. Das dafür nötige Rabatt-Ticket gibt es nach dem Besuch eines der zwölf Museen der Staatlichen Kunstsammlungen Dresden (SKD) – darunter Gemäldegalerie Alte Meister im Zwinger, Grünes Gewölbe im Residenzschloss oder Skulpturensammlung im Albertinum – an der Museumskasse oder nach einem Einkauf in der Dresden Information an der Frauenkirche.

dem Mathematisch-Physikalischen Salon und der Porzellansammlung einige der besten Sammlungen der an Kunst wahrlich nicht armen Elbestadt.

👁 Sehenswert

ⓐ Gemäldegalerie Alte Meister
| Museum |

① *Bedeutendes Kunstmuseum mit einem Meisterwerk von Raffael*

Erst im Jahr 1855 vervollständigte der lang gestreckte Semperbau zum Theaterplatz hin das Zwingergeviert. Der wuchtig wirkende Gebäuderiegel aus Sandstein im Stil der Neorenaissance fügt sich harmonisch in die barocke

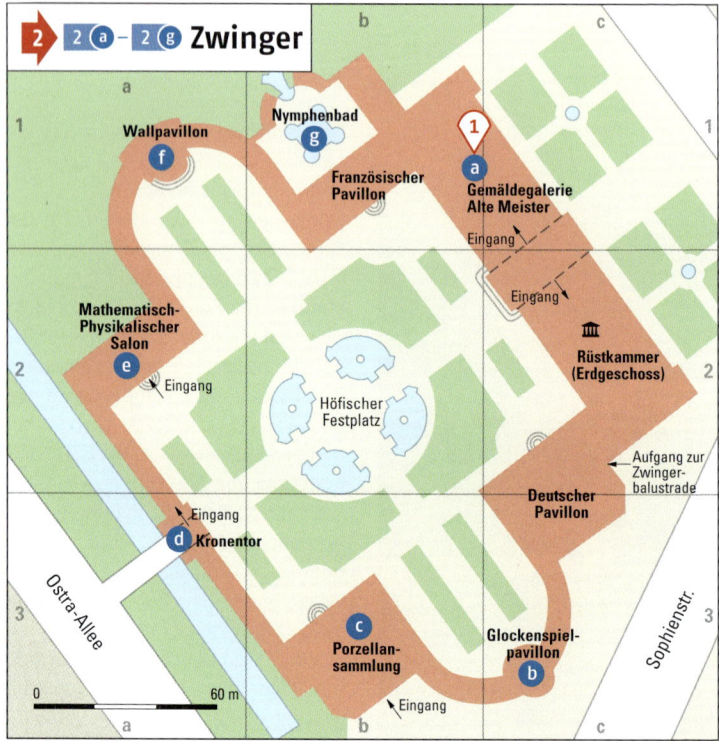

Am unteren Bildrand stützen sich zwei pausbäckige Engelchen mit zerzausten Haaren auf.

Und last but not least gehören die Gemälde des Vedutenmalers Bernardo Bellotto, genannt Canaletto, zu den weltbekannten Werken, vor allem sein »Dresden vom rechten Elbufer unterhalb der Augustusbrücke« (S. 79).

■ Theaterplatz 1/Semperbau des Zwingers, Tel. 03 51/49 14 20 00, www. skd.museum, Di–So 10–18 Uhr

b Glockenspielpavillon
| Architektur |

Zutritt zum Zwinger gewährt auch der Glockenspielpavillon im Südosten. Als Pendant zum gegenüberliegenden Wallpavillon hieß er ursprünglich

Stadtpavillon. Seinen heutigen Namen erhielt er 1933, als an der Fassade ein Glockenspiel angebracht wurde. Viertelstündlich erklingen die 40 Glocken aus Meissener Porzellan, die Stundenschlagmelodie komponierte Günter Schwarze 1994. Im Innern des Pavillons führen zwei Treppen hinauf zu den Bogengalerien. Von oben genießt man einen schönen Blick über den Zwinger.

■ Tgl. 10.15 Uhr einige Takte aus Antonio Vivaldis »Die vier Jahreszeiten«, weitere Melodien tgl. 14.15 und 18.15 Uhr

c Porzellansammlung
| Museum |

Kurfürst August der Starke hatte eine besondere Vorliebe für ostasiatisches Porzellan. Er selbst bezeichnete seine

Sammelleidenschaft einmal als »Maladie de Porcelaine«, als Porzellankrankheit. Die von ihm begründete Sammlung im Zwinger gehört mit 20 000 Stücken heute zu den größten und bedeutendsten ihrer Art weltweit.

In den beiden Bogengalerien über dem Glockenspielpavillon bilden gelbe, orange, pinkfarbene und violette Wände zusammen mit den großen Galeriefenstern eine schöne Kulisse für das Porzellan. Ein Sammlungsschwerpunkt liegt auf chinesischem Porzellan aus der Ming-Dynastie und der Kangxi-Periode (1662–1722). Die riesigen, blau-weiß bemalten chinesischen »Dragonervasen« tauschte August der Starke im Jahr 1717 mit dem Preußenkönig Friedrich Wilhelm I. gegen 600 seiner Dragoner. Aus Japan stammen das Imari-Porzellan mit seiner dichten Ornamentik und das elegante Kakiemon-Porzellan. Die Entwicklung des Meissener Porzellans von 1708 bis 1815 illustrieren fantasievoll bemaltes Geschirr, herrliche Vasen sowie opulente Mensch- und Tierfiguren.

■ Südwestpavillon des Zwingers/ Sophienstr. 2, Tel. 03 51/49 14 20 00, www.skd.museum, Di–So 10–18 Uhr

d Kronentor
| Prunktor |

Im Westen führt der Weg von der Ostra-Allee zum Zwingerhof durch das im Stil des italienischen Hochbarock gestaltete zweigeschossige Kronentor. August der Starke hatte das reich skulptierte Prunktor ab 1716 anlässlich seiner Krönung zum polnischen König errichten lassen. Die blau-schwarze Zwiebelhaube des Tors mit vier polnischen Adlern trägt eine vergoldete Krone. Weitere Insignien der Herrschaft sind die Wappen von Sachsen und Polen an der Außenseite, die Innenseite schmückt an gleicher Stelle das kunstvoll bekrönte Monogramm »FASRP« (Friedrich August von Sachsen, Rex Poloniae).

e Mathematisch-Physikalischer Salon
| Museum |

Begründet auf Werkzeuge und wissenschaftliche Instrumente, die Kurfürst August von Sachsen schon ab dem späten 16. Jh. für seine Kunst- und Raritätenkammer erwarb, zeigt die heutige Sammlung im Zwinger geodätische Geräte zur Längen- und Winkelmessung, Thermometer, Barometer, Waagen, Zeichenhilfsmittel und astronomische Instrumente. Ein Glanzstück ist die Globensammlung (13.–19. Jh.), mit über 60 Exponaten die größte in Deutschland. Der kostbare arabische Himmelsglobus von 1279 stammt aus der Sternwarte von Maragha im heutigen Iran. Einen exzellenten Ruf besitzt auch die Uhrensammlung. Zu ihren bedeutendsten Exponaten zählt die im 16. Jh. in Marburg und Kassel gefertigte Planetenlaufuhr. Auf der Weltzeituhr von 1700 kann man auf 365 Zifferblättern neben der Dresdner Ortszeit auch die für 364 weitere Orte auf der Welt ablesen. Auch eine der ersten mechanischen Rechenmaschinen, die »Pascaline« von 1650 aus Elfenbein, Messing und Holz, ist vertreten.

■ Nordwestpavillon des Zwingers, Tel. 03 51/49 14 20 00, www.skd.museum, Di–So 10–18 Uhr

f Wallpavillon
| Architektur |

Zwei geschwungene Galeriebauten rahmen den zweigeschossigen, überschwänglich mit Weinranken, Blumen-

bouquets und Muschelwerk verzierten Wallpavillon im Nordwesten des Zwingers. Auf dem Giebelfirst balanciert ein muskulöser Hercules Saxonicus, der eine Weltkugel trägt – Sinnbild des herkulischen kurfürstlichen Regenten. An den Pfeilergiebeln im Untergeschoss erkennt man die gekreuzten Schwerter des sächsischen Wappens, das Signum »AR« (Augustus Rex) und die polnische Königskrone. Über eine Treppe gelangt man unter fünf mächtige Arkaden und weiter in das hallenartige Innere, wo drei Brunnen plätschern. Im Geschoss darüber steht der einzige geschlossene Raum des Wallpavillons, schön mit Wandmalereien und Stuck ausgestaltet, für Events zur Verfügung.

Nymphenbad
| Wasserspiel |

Eine doppelläufige Freitreppe führt vom Hof aus hinauf zum Eingang des zweistöckigen Französischen Pavillons, von dem aus man wiederum in einen dahinterliegenden Innenhof mit dem barocken Nymphenbad gelangt. Hinter dem zentralen Wasserbecken tummeln sich Tritonen und Nymphen in einer mit Riesenmuscheln verzierten Kaskade. Seitlich öffnen sich an beiden Längsseiten 16 Rundnischen, in denen weitere anmutige Nymphen auf Sockeln posieren.

🍴 Restaurants

€€ | **Alte Meister** Wenn der Kunstgenuss hungrig macht, hilft das nach der Gemäldegalerie benannte Museumscafé und -restaurant. ■ Theaterplatz 1a, ehem. Braun'sches Atelier im Zwinger, Tel. 03 51/481 04 26, www.alte meister.net, Plan S. 22 b1

3 Schauspielhaus

Klassiker und modernes Theater in geschichtsträchtigen Mauern

■ Tram 1, 2, 4, 11, 12 und Bus 75, 94 Postplatz
■ Theaterstr. 2, Ticket-Tel. 03 51/ 491 35 55, www.staatsschauspiel-dresden.de

In unmittelbarer Nachbarschaft zum Zwinger erhebt sich der 1911–13 erbaute neobarocke, vielfach gestaffelte Baukomplex des Schauspielhauses. Die Hauptfassade gliedert sich auf der Längsseite in einen Arkadengang unten und die festliche Fensterfront in der Belle Etage. Die Wiedereröffnung des im Zweiten Weltkrieg teilweise zerstörten Hauses erfolgte bereits 1948. Der festliche Zuschauerraum (800 Plätze) mit seinen beiden dynamisch geschwungenen Rängen wurde nach den Originalplänen rekonstruiert. Das Ambiente bezaubert durch einen hübschen Kronleuchter und dekorative Jugendstil-Stuckaturen an Wänden und Decke. Auf dem Spielplan stehen pro Jahr etwa 25 Neuinszenierungen, darunter Klassiker wie Johann Wolfgang von Goethes »Faust« oder Friedrich Schillers »Don Carlos«, aber auch Werke zeitgenössischer Autoren.

Eine zweite Spielstätte unterhält das Staatsschauspiel mit dem Kleinen Haus in der Neustadt, Glacisstr. 28, nahe der Albertbrücke (S. 50 und 82, Tram 3, 6, 7, 8 und 11 Albertplatz).

Restaurants

€–€€ | **Odessa** Ukrainische, russische und ausgewählte deutsche Speziali-

Eine Kutschfahrt durch die Altstadt führt auch am Schauspielhaus vorbei

täten, von Borschtsch und Bliny bis Wareniki und Wodka. ■ Ostra-Allee 11, Tel. 03 51/263 589 90, www.odessa-restaurant.de, Di–Do 11–23, Fr, Sa bis 24, So bis 22 Uhr

4 Taschenbergpalais

Exklusives Palais, passend für Herzöge wie für Hotelgäste

■ Tram 4, 8, 9 Theaterplatz
■ Taschenberg 3, Tel. 03 51/491 20, www.kempinski-dresden.de

Seinen Namen verdankt das dreiflügelige Taschenbergpalais der Lage am Taschenberg, einer Erhebung, die heute im Stadtbild nicht mehr sichtbar ist. August der Starke ließ den Barockbau 1706–11 für seine Mätresse, die Reichsgräfin Anna Constantia von Cosel, errichten. Sie konnte sich aber nur bis zu ihrer Verbannung 1713 daran und darin erfreuen.

50 Jahre nachdem das Palais im Zweiten Weltkrieg zerstört worden war, feierte das Taschenbergpalais 1995 in strahlender Schönheit und Opulenz seine Wiedereröffnung als Luxushotel. Glanzlicht des Hotels ist die 360 m² große Kronprinzensuite, deren Exklusivität freilich ihren Preis hat. Günstiger als eine Übernachtung ist ein Besuch im hauseigenen Café Vestibül. Ein besonderes Freizeitvergnügen lockt in der Adventszeit, wenn im Innenhof eine Eisbahn zum Schlittschuhlaufen aufgebaut ist.

Cafés

Café Vestibül In dem edlen Café des Taschenbergpalais können Gäste mit Blick auf die elegante Barocktreppe des Hauses bei Kaffee, Tee oder Champagner und etwas Leckerem aus der Patisserie des Hauses stilvoll entspannen. ■ Taschenberg 3, Tel. 03 51/491 27 12, Mo–Fr 10–18, Sa, So 11–18 Uhr

5 Residenzschloss

Wo einst kunstsinnige Wettiner Kurfürsten regierten

Im Residenzschloss regierten einst Sachsens Kurfürste und Könige

 Information

■ Tram 4, 8, 9 Theaterplatz; Tram 1, 2, 4 Altmarkt

■ Taschenberg 2, Eingang Schlossstraße (Löwentor), Tel. 03 51/49 14 20 00, www. skd.museum, Mi–Mo 10–18 Uhr, Abendöffnung Grünes Gewölbe Fr 18–20 Uhr. Reservierung empfohlen, obwohl 40 % der Karten eines Tages ab 10 Uhr an der Kasse verkauft werden. Ticket Residenzschloss (alle SKD-Museen und -Sammlungen im Schloss außer Historisches Grünes Gewölbe) 12 €, erm. 9 €, Zeitticket Historisches Grünes Gewölbe 12 €, Kombiticket 21 €

■ Parken: siehe S. 21

 Einst Herrschersitz, heute eine Schatzkammer der Kunst

Im Herzen der Dresdner Altstadt erhebt sich unweit der Elbe das Residenzschloss, seit 1495 Herrschersitz der wettinischen Kurfürsten und Könige. Die Anlage ist in mehreren Jahrhunderten immer weiter gewachsen, ihre prunkvollen Gebäude gruppieren sich um drei Innenhöfe. Zentrum ist der Große Schlosshof, in den vier Flügeln ringsum befinden sich glanzvolle Kunstsammlungen von Weltrang, allen voran das zweigeteilte Grüne Gewölbe im Westflügel. Nach Süden hin ist der Komplex mit Gebäuden rund

Plan
S. 29

flügels fertiggestellt. Es diente August dem Starken als kurfürstlich-königliche Schatzkammer und war von Beginn an einem ausgewählten Publikum zugänglich.

Heute gilt das Grüne Gewölbe als bedeutendste Schatzkammer Europas und besteht aus zwei Ausstellungsbereichen, dem Historischen und dem Neuen Grünen Gewölbe. Es war bei der Restaurierung nämlich schnell klar geworden, dass die bisherigen Räume für eine angemessene Präsentation der einmaligen Sammlung nicht ausreichen würden. So sind heute Kostbarkeiten wie der »Hofstaat des Großmoguls« oder der »Kirschkern mit 185 Angesichtern« gut geschützt in den modernen, zurückhaltend gestalteten Räumen des Neuen Grünen Gewölbes im ersten Obergeschoss zu sehen.

 Sehenswert

um den Kleinen Schlosshof und den Wirtschaftshof erweitert.

Durch die Bombenangriffe im Zweiten Weltkrieg wurde die Residenz zur Ruine. Der Wiederaufbau zog sich hin, erst zu Beginn des 21. Jh. konnten nach und nach die heutigen Kunstsammlungen wieder einziehen. Der Kleine Schlosshof fungiert nun als Besucherfoyer und wird von einem lichtdurchlässigen Dach aus Kunststoffkissen überwölbt. Weitere Arbeiten am »Projekt Residenz der Kunst und Wissenschaft« werden wohl noch einige Jahre in Anspruch nehmen.

1729 wurde das Grüne Gewölbe im Erdgeschoss des westlichen Schloss-

a **Historisches Grünes Gewölbe**
| Museum |

 Reichste Schatzkammer Europas mit unglaublichen Kostbarkeiten

August der Starke hatte das spätbarocke Grüne Gewölbe mit seinen neun Sälen so konzipiert, dass sich die sinnlichen Eindrücke von Raum zu Raum steigern. Jeder Saal präsentiert sich opulenter als der vorhergehende und die Ausstellungsstücke werden immer kostbarer. Auf Prunktischen vor reich bemalten oder mit Spiegeln verkleideten Wänden sind hier insgesamt rund 3000 Kunstwerke zu sehen.

Im Vorgewölbe sieht man Exponate vom Mittelalter bis zur Frührenais-

Reich ausgeschmückt ist das Weißsilberzimmer im Historischen Grünen Gewölbe

sance, darunter eine goldene Trink-schale des russischen Zaren Iwan des Schrecklichen sowie Siegelring und Trinkbecher von Martin Luther. Es folgen Bernsteinkammer, Elfenbeinzimmer und Weißsilberzimmer, ihre Namen sind Programm. Ein buchstäblich wahres Glanzlicht ist schließlich der fast 200 m² große, gänzlich verspiegelte Pretiosensaal, die vormalige »Geheime Verwahrung«. Hier glitzern und glänzen sehr kunstvoll gefasste Straußeneier, Gefäße aus Bergkristall und Edelsteinen, Pokale aus Seeschnecken, ein Kalvarienberg aus Perlmutt, große Barockperlen und vieles mehr. Die Säulen des Saals waren übrigens ursprünglich malachitgrün gestrichen, nach ihrer Farbe wurde im 16. Jh. das ganze Gewölbe benannt.

Im Wappenzimmer mit vergoldeten Wappentafeln auf Eichenholz können

sich die Augen dann ein wenig von all der Pracht erholen. Bevor französische Kleinbronzen im Bronzenzimmer sowie der modern gestaltete Raum der Renaissancebronzen den Abschluss bilden, erreicht man im Juwelenzimmer den Gipfel der barocken Rauminszenierung. Die bemalten und vergoldeten Spiegelwände formen den pompösen Rahmen für die unglaublichsten Edelsteingarnituren, deren Glitzern und Funkeln durch die Spiegel vielfach reflektiert und ins Betörende gesteigert wird. Der um 1724 geschaffene »Mohr mit Smaragdstufe« gehört zu den bekanntesten Exponaten. Die knapp 64 cm große Statuette aus lackiertem Birnbaumholz ist mit Smaragden, Rubinen, Saphiren, Topasen, Granatsteinen und Almandin verziert. In ihren Händen trägt sie ein kostbares Tablett aus Schildpatt, darauf ein Gesteinsbrocken, aus dem mehrere Smaragde emporragen.

b Neues Grünes Gewölbe
| Museum |

Die zehn Räume des Neuen Grünen Gewölbes bergen rund 1000 Kunstwerke aus Gold, Edelsteinen und Elfenbein. Gleich im ersten Raum, dem »Saal der Kunststücke«, bestechen im »Micro-Kabinett« Winzigkeiten wie der berühmte »Kirschkern mit den 185 Angesichtern«. Der Kern mit den winzigen Porträtschnitzereien ist in ein goldenes Ohrgehänge eingefasst, eine Lupe in der Vitrine erleichtert die Betrachtung.

Bergkristall, Elfenbein und Perlen dominieren die nun folgenden Räume »Kristall-Kabinett«, »Erster Raum der Kürfürsten« und »Raum der königlichen Pretiosen«. Im »Dinglinger-Saal«

folgt schließlich ein wahres Wunderwerk der Goldschmiedekunst, der von Juwelier Johann Melchior Dinglinger 1701–08 geschaffene »Thron des Großmoguls Aureng-Zeb«. Der Tischaufsatz (142 x 114 cm) kostete seinerzeit 58 000 Reichstaler, etwa das Jahresgehalt von 1000 Hofbediensteten. Er ist aber auch überwältigend: 137 goldene und farbig emaillierte menschliche Figuren und drei Dutzend Tiere bevölkern die Szenerie, Personal und Kulissen sind mit rund 5000 Diamanten und anderen Edelsteinen geschmückt. Dargestellt ist das Geburtstagsfest des Großmoguls Aureng-Zeb, der in einem Pavillon im Hintergrund Hof hält. Auf der goldenen Freitreppe, die zu seinem Thron emporführt, und auf dem Palasthof zu seinen Füßen tummeln sich die Gratulanten. Würdenträger werden in Sänften herbeigetragen, und Diener führen mit Ge-

schenken beladene Elefanten und Kamele am Zügel.

Der anschließende »Raum der reisenden Pretiosen« zeigt kleinere Kostbarkeiten wie Trinkgefäße, Schalen oder Uhren samt passenden Etuis. Zu Repräsentationszwecken gingen diese Stücke oft auf Reisen und mussten entsprechend gut verpackt sein. Im »Watzdorf-Kabinett« am Ende des Rundgangs erwartet den Besucher noch eine Berühmtheit: Hier wird der »Dresdner Grüne« verwahrt, der mit 41 Karat größte grüne Diamant der Welt. Der tropfenförmige Edelstein ist zusammen mit 411 Brillanten zu einer pompösen Hutagraffe verarbeitet, einer Schmuckspange, die an der Hutkrempe getragen wurde.

c Türckische Cammer
| Museum |

Eine der bedeutendsten Sammlungen osmanischer Kunst außerhalb der Türkei ist die Türckische Cammer im zweiten Geschoss des ehemaligen Südflügels.

Wer aus dem hellen Treppenhaus in die abgedunkelte Cammer tritt, sieht sich fünf lebensgroßen, meisterlich geschnitzten Araberpferden gegenüber. Die zwei Schimmel und drei Braunen sind mit reich verziertem Zaumzeug, prächtigen Samtsätteln, silbernem Rüstzeug oder leuchtendbunt bestickten Schabracken geschmückt. Weitere Highlights sind der Brustpanzer mit Kugelabdruck von Kurfürst Johann Georg III., den dieser 1683 in der Schlacht bei Wien gegen die Türken trug, ein 6 m hohes, seidenes Dreimastzelt sowie reich mit Juwelen besetzte Dolche und Säbel, Panzerhemden, Helme, Gewehre und Gewänder.

d Kupferstich-Kabinett
| Museum |

Im Stockwerk über der osmanischen Sammlung ist das 1720 gegründete Kupferstich-Kabinett untergebracht, die älteste grafische Sammlung im deutschsprachigen Raum und eine der wichtigsten weltweit. Die Kollektion umfasst rund 500 000 Druckgrafiken und Zeichnungen vom 15. Jh. bis zur Gegenwart sowie zahlreiche Fotografien. In ihrem Besitz sind Blätter von großen Meistern wie Albrecht Dürer, Lucas Cranach d. Ä., Rembrandt, Jan van Eyck, Peter Paul Rubens, Goya, Caspar David Friedrich, Henri Toulouse-Lautrec, Marc Chagall, Pablo Picasso und Georg Baselitz. Im Rahmen von Wechselausstellungen werden Werke und Werkgruppen aus den Beständen des Kabinetts präsentiert. Im Studiensaal kann man sich Blätter der Sammlung unabhängig von den Ausstellungen vorlegen lassen.

■ Anmeldung Studiensaal Tel. 03 51/49 14 32 21, Mo, Mi 10–13, 14–16, Do 10–13, 14–18, Fr 10–13, 1. Sa im Monat 10–13 Uhr

e Fürstengalerie
| Museum |

Vom Neuen Grünen Gewölbe aus gelangt man auch in die Fürstengalerie. In dem 40 m langen Saal im ersten Geschoss des ehemaligen Südflügels hängen auf der einen Seite auf roten Seidentapeten Porträtgemälde wettinischer Kurfürsten und einiger Kurfürstinnen. Gleich gegenüber stehen Büsten der wettinischen Könige und ihrer Gemahlinnen. Die Reihe der Herrscherbildnisse reicht von Kurfürst Moritz, dem Kaiser Karl V. 1547 die Kurwürde verlieh, bis zu König Friedrich August III., der 1918 abdankte.

Kostbare Prunkharnische sind in der Rüstkammer in Szene gesetzt

Über die Galerie erreicht man die »Englische Treppe«, die in der Südostecke der Residenz in den Schlosshof hinabführt. Ein roter Teppich liegt auf den weißen Marmorstufen des eleganten neobarock wiederhergestellten Treppenhauses, die Balustraden sind aus Sandstein, die weiß getünchten Wände und die Decke stuckverziert. Und nicht zuletzt führt die Galerie zum Riesensaal im Ostflügel, der mittlerweile wieder die Rüstkammer beherbergt.

ⓕ Rüstkammer
| Museum |

Die Rüstkammer zählt zu den bedeutendsten Prunkwaffen- und Kostümsammlungen Europas. Die meisten Exponate kamen einst bei Jagden, Ritterspielen und Festen zum Einsatz. Besonders kostbare Schwerter, Pistolen, Gewehre und Harnische waren Statussymbole der sächsischen Herrscher und wurden von ihnen bei Zeremonien getragen.

Heute sind die Prunkgewänder, Waffen und Jagdutensilien wie Pulverflaschen und Waldhörner im »Riesensaal« effektvoll in Szene gesetzt. Unter den 2000 Schwertern ist auch das sächsische Kurschwert von 1425, das Würdezeichen des Kurfürsten. Der Fundus an Schusswaffen umfasst tatsächlich rund 3000 Stück, weil August der Starke mit Hingabe kunstvoll verzierte Radschlosspistolen und -gewehre sammelte. Glanzlichter sind die goldglänzenden Prunkharnische für Ross und Reiter, die der Antwerpener Eliseus Libaerts 1563/64 für den schwedischen König Erik XIV. anfertigte.

Im ersten Stock sind im Renaissanceflügel der Rüstkammer zudem zwei der jüngsten Ausstellungen untergebracht, die historisch begründete Serie

Fassadenmalerei und Wappen zieren den Langen Gang des Johanneums

»Auf dem Weg zur Kurfürstenmacht« und die ebenso prachtvolle wie aufschlussreiche Sammlung »Kurfürstliche Garderobe«.

g Münzkabinett im Georgenbau
| Museum |

In der Nordostecke begrenzt der angesetzte Georgenbau das Residenzschloss. Nähert man sich ihm von der Elbe her, ist seine skulpturengeschmückte Neorenaissancefassade mit dem hohen Treppengiebel unverkennbar. Sein breiter Tordurchgang ermöglicht den Durchgang zwischen Schlossplatz und Schlossstraße. In den Räumlichkeiten im zweiten Stock darüber zeigt das Münzkabinett seine über 3300 Exponate von Münzen, Medaillen und münztechnischen Geräten aus aller Welt von der Antike bis in die Gegenwart.

Jüngst eröffnete im ersten Obergeschoss außerdem die neue Dauerausstellung der Rüstkammer, »Weltsicht und Wissen um 1600«. Sie stellt exemplarisch einzelne Objektgruppen wie Werkzeuge, Exotika oder Kombinationswaffen vor.

h Hausmannsturm
| Aussichtsplattform |

In der Mitte des Nordflügels ragt der unten quadratische, oben oktogonal erhöhte Hausmannsturm 101 m hoch auf. Seine Barockhaube wird von einer offenen Laterne mit schlanker Spitze bekrönt. Turmbesteiger belohnt nach dem Erklimmen von 237 Treppenstufen auf der Aussichtsplattform des Hausmannsturms ein sehr schöner Blick auf die benachbarte Hofkirche mit ihrem reichen Statuenschmuck und weiter über Altstadt und Elbe.

■ April–Okt. Mi–Mo 10–18 Uhr

ℹ Großer Schlosshof

| Architektur |

In den vier Ecken des rechteckigen Großen Schlosshofs befinden sich jeweils Treppentürme. Das auffälligste Architekturelement ist jedoch der vierstöckige Altan im Schatten des Hausmannsturms. Ein Großteil der figürlichen und ornamentalen Sgraffitomalereien an den Fassaden und den Treppentürmen wurde bereits im Stil des 16. Jh. rekonstruiert. Dargestellt sind Szenen aus der römischen Antike und dem Alten Testament.

Im Nordflügel, westlich neben dem Hausmannsturm, hat auch die Schlosskapelle der sächsischen Kurfürsten ihren Platz. Man betritt sie durch das Goldene oder Schöne Tor. Ihr einst kostbar ausgestatteter Innenraum mit Schlingrippengewölbe dient heute u.a. als Konzertsaal.

6 Johanneum

Sehenswerte Erinnerung an Wettiner Fürsten und Ritterturniere

■ Tram 4, 8, 9 Theaterplatz; Tram 1, 2, 4 Altmarkt
■ Augustusstraße

Im späten 16. Jh. erweiterte Kurfürst Christian I. das Residenzschloss östlich des Georgenbaus um ein dreiflügeliges Stall- und Kutschengebäude. Die-

Im Blickpunkt

Friedrich August I. – starker Mann an Sachsens Spitze

Mit seinen barocken Prachtbauten und seiner Sammelleidenschaft prägte Friedrich August I. von Sachsen (1670–1733) Dresden wie kaum ein Zweiter. Besser bekannt ist der absolutistische Herrscher freilich unter seinem Beinamen »August der Starke«, den er seiner legendären Körperkraft verdankte. Seine Dresdner Residenz ließ der kunstsinnige und überhaupt der barocken Lebensfreude sehr zugeneigte Kurfürst prächtig ausbauen – Zwinger, Hofkirche, diverse Stadtpalais, Schlösser wie Moritzburg und Pillnitz sowie die von ihm begründeten großartigen Kunstsammlungen brachten seiner Residenzstadt den internationalen Ruf als »Elbflorenz«. Und nicht zuletzt förderte er in gelungener Mischung Wirtschaft und Wissenschaft, Verwaltung und Militär. Weniger glücklich agierte August der Starke als König August II. von Polen. Dazu war er 1697 nach allerlei Ränkespielen vom polnischen Sejm gewählt worden, wofür er eigens vom Protestantismus zum Katholizismus konvertiert war. Doch das »polnische Abenteuer« brachte keinesfalls die erhoffte europäische Großmachtstellung. Vielmehr kostete es die sächsische Staatskasse enorme Summen und endete schließlich 1763 unspektakulär mit dem Tod von Augusts Sohn und Nachfolger Friedrich August II.

Mehr Bestand hatten die schöngeistigen und gesellschaftlichen Unternehmungen Augusts des Starken. Sie sichern seinem geliebten Dresden selbst heute noch, nach einem verheerenden Weltkrieg und einem verlorenen Titel als UNESCO-Weltkulturerbe, den Ruf einer grandiosen Stadt der Kunst und Wissenschaft in der Welt.

Eine lange Parade wettinischer Herrscher kann man auf dem »Fürstenzug« bewundern

ses wurde seinerseits mehrfach um- und angebaut, zuletzt im 19. Jh. unter König Johann, nach dem der Gebäudekomplex dann auch Johanneum genannt wurde.

 Sehenswert

Stallhof und Langer Gang
| Hofanlage |
Der Stallhof des ersten Baus gilt als einer der ältesten Turnierplätze der Welt. Auch heute noch wird er für nostalgische Ritterturniere und andere Festlichkeiten genutzt. Den Platz begrenzen die von 20 toskanischen Säulen getragenen Arkaden des Langen Ganges. Oberhalb der Säulen sind die Wappen der Gebiete zu sehen, die einst unter wettinischer Herrschaft standen. Die Fassaden sind mit Sgraffi-

to verziert. Die grau-weißen Malereien zeigen Figuren und Ornamentbänder. Der darüber gelegene Lange Saal beherbergte einst die Ahnengalerie der Wettiner und eine Gewehrgalerie.

■ tgl. 7–20 Uhr, Zugang frei

Fürstenzug
| Porzellanbild |

③ *Größtes Porzellanbild der Welt mit der Ahnengalerie der Wettiner*

Ein Spaziergang vom Georgentor des Residenzschlosses über die außen am Stallhof entlanglaufende Augustusstraße führt vorbei am 102 m langen »Fürstenzug«. Das berühmte Wandbild wurde zunächst 1872–76 anlässlich des bevorstehenden 800-jährigen Jubiläums der Belehnung der Wettiner mit der Mark Meißen als schwarzweißes Sgraffito auf die Außenwand

Pferde, sie tragen Paradeuniformen und Prunkgewänder. In Grüppchen zu zweit oder dritt traben sie stolz daher. Der Reigen beginnt mit Konrad dem Großen (1127–56). Die beiden bekanntesten Wettiner, August der Starke und sein Sohn Friedrich August II., sind mit ihren polnischen Königsnamen August II. und August III. aufgeführt. August der Starke trägt einen prunkvollen Harnisch mit weitem Pelzmantel darüber. Gebieterisch sitzt er auf dem sich aufbäumenden Pferd und verdeckt zur Hälfte seinen neben ihm reitenden Sohn. Zwischen den Wettinern sowie am Ende des Zuges tummelt sich zu Fuß die Entourage des Hofes, darunter Wissenschaftler, Künstler, Bauern, Handwerker, Soldaten, einige Kinder und ganz am Schluss sogar der Schöpfer dieses grandiosen Kunstwerks, der Maler Wilhelm Walther selbst.

des Langen Ganges aufgetragen. Da die Malereien vor Goldgrund bereits 1901 stark verwittert waren, übertrug man die Komposition auf 24 600 Meissener Porzellanfliesen. So entstand das größte Porzellanbild der Welt.
94 Personen ziehen in einer Parade über den Fries. 35 Markgrafen, Kurfürsten und Könige Sachsens sitzen zu

Gefällt Ihnen das?

Sind Sie von den Prachtgewändern der Fürsten angetan? Dann vergleichen Sie die Abbildungen doch mit der originalen Kleidung, die nur wenige Meter entfernt in der Ausstellung »Kurfürstliche Garderobe« im Renaissanceflügel der **Rüstkammer im Residenzschloss** (S. 31) zu sehen ist.

Verkehrsmuseum Dresden

| Museum |

Im östlichen Teil des Johanneums zeigt das Verkehrsmuseum Dresden seine Ausstellung zur sächsischen Mobilitätsgeschichte. Hier erfahren Sie z. B., dass im Jahr 1710 in Dresden 20 Sänftenträger Dienst taten und dass ab 1839 die erste deutsche Ferneisenbahn zwischen Dresden und Leipzig verkehrte. Zu den Exponaten gehören eine Sänfte, Schiffe, Flugzeuge, Schienengefährte, Autos und Fahrräder, also alles, was schwimmt, fliegt oder rollt. Ein »Phänomen 4-RL«-Lastwagen der Autowerke Hiller aus Zittau von 1927 und der mondäne »Simson Supra SO« von 1925 aus dem thüringischen Suhl gehören zu den Stars der Exponate zur ostdeutschen Automobilgeschichte. Ein- bis dreimal am Tag zuckeln außerdem rund 150 Loks und Waggons einer Spur-0-Modelleisenbahn für 15 Minuten kreuz und quer durch eine 325 m² große, liebevoll gestaltete Miniaturlandschaft.

■ Augustusstr. 1, Tel. 03 51/864 40, www.verkehrsmuseum-dresden.de, Di–So 10–18 Uhr, 9 €, erm. 4 €, bis 5 J. frei

7 Kathedrale SS. Trinitatis

Majestätisch erhebt sich die barocke Hofkirche am Altstädter Elbufer

■ Tram 4, 8, 9 Theaterplatz
■ Schlossstr. 24, Tel. 03 51/484 47 12, www.bistum-dresden-meissen.de, Mo, Di 9–18, Mi, Do 9–17, Fr 13–17, Sa 10–17, So 12–16 Uhr

Der Sanctissimae Trinitatis, der Heiligsten Dreifaltigkeit, wurde die barocke Katholische Hofkirche der sächsischen Kurfürsten im Jahr 1751 geweiht. Der mächtige Kirchenbau begrenzt den Theaterplatz im Nordosten am Durchgang zur Elbe hin. 1980 ernannte der Vatikan die frühere Hofkirche zur Kathedrale des Bistums Dresden und Meißen.
Die dreischiffige Basilika mit stark überhöhtem Mittelschiff ist auf elliptischem Grundriss errichtet, die Fassade stark gegliedert. Der Kulminationspunkt der elegant-höfischen Architektur ist der gut 85 m hohe Glockenturm, der sich zur Elbe hin schwungvoll und zwiebelhaubenbekrönt über dem Hauptportal erhebt. Im Kircheninneren fällt der zweigeschossige Umgang um das Mittelschiff auf. Hier fanden die Prozessionen zu katholischen Feiertagen statt – innen, um die protestantische Bevölkerung Dresdens nicht zu provo-

zieren. Vier Eckkapellen stehen schräg zum Mittelschiff. Die Johann-Nepomuk-Kapelle im Norden ist heute Gedächtnisort für die Opfer der Bombenangriffe auf Dresden am 13./14. Februar 1945. Die »Pietà« (1973) aus Meissener Porzellan wirkt, als sei sie aus Kriegstrümmern zusammengesetzt. In der Krypta unter dem Chor stehen die Sarkophage des Stifterpaares Kurfürst Friedrich August II. und Gattin Maria Josepha im ältesten Raum. In einer Urne darüber wird auch das Herz Augusts des Starken aufbewahrt. Sein Körper hingegen ist im polnischen Krakau begraben. Bei Gottesdiensten und Konzerten kommt Dresdens einzige original erhaltene Orgel (1750–55) von Gottfried Silbermann mit 47 Registern auf drei Manualen und mehr als 3000 Pfeifen zum Einsatz.

8 Brühlsche Terrasse

Elegante Elbpromenade vor Prachtkulisse mit Ausblick

■ Tram 4, 8, 9 Theaterplatz

10 m oberhalb des Elbufers begleitet die Brühlsche Terrasse den Fluss, eine 500 m lange, denkmalgeschmückte Flaniermeile zwischen Augustus- und Carolabrücke. Die auch »Balkon Europas« genannte Promenade ruht auf den Mauern der Festung Dresden, Spaziergängern eröffnet sich hier ein entzückender Panoramablick über die Elbe auf die Neustadt. Am hiesigen Ufer starten seit Gründung der Sächsischen Dampfschifffahrt im Jahr 1836 historische Raddampfer zu Ausflugsfahrten durch das Elbtal Richtung Meißen, Bad Schandau, Pillnitz und Sächsische Schweiz.

Die original erhaltene Orgel von Gottfried Silbermann in der Kathedrale SS. Trinitatis

Benannt ist die Brühlsche Terrasse nach dem sächsischen Minister und Diplomaten Heinrich Graf von Brühl. 1739 hatte Kurfürst Friedrich August II. dem geschätzten Beamten den Ostteil der stillgelegten elbseitigen Festungsanlagen geschenkt, die sich direkt hinter dem Brühlschen Palais befanden. Öffentlich zugänglich ist die Terrasse seit 1814. Der russische Gouverneur Fürst Nikolai Repnin-Wolkonski, der nach der Völkerschlacht bei Leipzig über das besiegte Sachsen amtierte, hatte eine entsprechende Bestimmung erlassen.

◉ Sehenswert

Ständehaus
| Gebäude |
Am Schlossplatz führt eine Freitreppe hinauf zur Brühlschen Terrasse, flankiert von Skulpturen der »Vier Tageszeiten«. Gleich rechts der Treppe erhebt sich das Ständehaus, auf seinem Turm posiert eine vergoldete »Saxonia«. Der 1901–06 errichtete Neorenaissancebau war bis 1933 Sitz des Sächsischen Landtags, heute tagt hier das Oberlandesgericht.

■ www.justiz.sachsen.de, Mo–Fr 8–17 Uhr, Eintritt frei

Sekundogenitur
| Architektur |
Oben auf der Brühlschen Terrasse liegt ein reizend mit Wasserbassin, Bäumen und Skulpturen geschmücktes Areal. Unweit des Ständehauses zieht hier die Sekundogenitur (1896) die Blicke auf sich. Einst nahm die beschwingte Architektur im neobarocken Stil die Bücher- und Kupferstichsammlung des zweitgeborenen (lat.

Vom Grün des Brühlschen Gartens umrahmt ragt die Frauenkirche empor

secundus genitus) Prinzen auf. Heute lädt hier das zum Hilton Hotel gehörende Café Vis-à-Vis zu einer genussvollen Rast ein.

Brühlscher Garten

| Park |

Der Brühlsche Garten bildet auf der früheren Jungfernbastei den östlichen Abschluss der gleichnamigen Terrasse. Eine Delle im Gartengeländer nahe dem hiesigen Delphinbrunnen wird August dem Starken zugeschrieben, der hier »zwischen einem Bilderkauf, zwei Staatsakten und drei Liebesspielen« seinen Fingerabdruck hinterlassen haben soll, weil er übermäßig kraftvoll ins Eisen drückte. Einen Makel hat die Geschichte: Als der Brühlsche Garten 1747 eröffnet wurde, war der Kurfürst bereits 14 Jahre tot.

Ganz in der Nähe, am Fuße der Brühlschen Terrasse, liegt der Bärenzwinger, in dem allerdings nie Bären gehalten wurden. Vielmehr diente er als Zugang zu den Kasematten. Heutzutage ist hier vor allem am Abend der Bär los, denn die Gemäuer bergen den bekanntesten Studentenclub der Stadt (S. 50).

Hochschule für Bildende Künste

| Ausstellungen |

Seit ihrer Gründung im Jahr 1764 als Königliche Kunstakademie gehört die heutige Hochschule für Bildende Künste Dresden zu den führenden Ausbildungsstätten für Malerei, Baukunst und Bildhauerei in Deutschland. Das Wahrzeichen der Hochschule ist die umgangssprachlich »Zitronenpresse« genannte Glas-Stahl-Kuppel über dem oktogonalen Ausstellungssaal der Kunsthalle.

Die Hörsäle und Künstlerateliers sind nicht öffentlich zugänglich, doch in der Galerie Brühlsche Terrasse und im einstigen Senatssaal präsentieren Dozenten und Meisterschüler regelmäßig ihre Werke. Links neben dem Hauptgebäude schließt sich der Lipsiusbau an, sein Portikus mit Doppelsäulen und reliefverziertem Giebel ist dem Brühlschen Garten zugewandt. 1905 zeigte der Sächsische Kunstverein hier Werke der gerade von Dresdner Studenten gegründeten Künstlergruppe »Brücke«, heute sind in der hiesigen Kunsthalle Wechselausstellungen zur Kunst des 20./21. Jh. zu sehen.

■ Brühlsche Terrasse, Tram 4, 8, 9 Theaterplatz, Tram 3, 7 Synagoge, Tel. 03 51/49 26 70, www.hfbk-dresden.de, www.skd.museum, 5 €, erm. 4 €, Kombiticket Kunsthalle und Albertinum 12,50 €

Festung Dresden
| Festungsanlage |

Der Unterbau der Brühlschen Terrasse ist die älteste Bastionärsbefestigung Deutschlands. Kurfürst Moritz von Sachsen hatte sie ab 1545 nach italienischem Vorbild errichten lassen. In einem eigens in diesen dicken Mauern eingerichteten Laboratorium gelang 1708 dem Alchemisten Johann Friedrich Böttger die Herstellung des ersten europäischen Porzellans. Zurzeit werden die erhaltenen Festungsanlagen saniert. Nach ihrer Wiedereröffnung können sie im Rahmen der neuen, durch atmosphärische Rauminstallationen in Szene gesetzten Ausstellung »Feste. Dramen. Katastrophen. So nah wie nie« besichtigt werden.

ADAC *Mittendrin*

Gelegenheit zum Blick hinter die Dresdner Kulissen hat man am zweiten Sonntag im September, wenn zum **Tag des Offenen Denkmals** auch historische Bauten und Stätten, die sonst nicht zugänglich sind, ihre Türen öffnen.
www.tag-des-offenen-denkmals.de

■ Georg-Treu-Platz, Tram 3, 7 Synagoge, Tel. 03 51/438 37 03 20, www.festungdresden.de, wg. Sanierung bis ca. Ende 2018 geschl.

 Cafés

Vis-à-vis Wiener Kaffeehaustradition mit Blick auf die Elbe. ■ Brühlsche Terrasse, Sekundogenitur, Tel. 03 51/864 29 37, www.hilton.de/dresden, tgl. 11–18 Uhr

 Erlebnisse

Dampferfahrt Auf der Elbe Dresden und das Umland erfahren. ■ Sächsische Dampfschiffahrt, Ableger Terrassenufer Dresden, max. bis Schloss Pillnitz, z. B. Stadtfahrt (April–Dez., 90 Min., 18,50 €, erm. 11 €) oder Schlösserfahrt (April–Okt., ab 11 €), Tel. 03 51/86 60 90, www.saechsische-dampfschiffahrt.de

Frauenkirche

> **5** *Die Kuppel der Barockkirche ist Dresdens schönstes Wahrzeichen*

■ Tram 1, 2, 4 Altmarkt; Tram 1, 2, 3, 4, 7, 12 und Bus 62, 75 Pirnaischer Platz ■ Neumarkt, www.frauenkirche-dresden. de, Mo–Fr 10–12, 13–18 Uhr, Sa und So Besichtigung eingeschränkt; zentrale Kirchenführung nach Orgelandacht Mo–Sa 12, Mo–Mi, Fr 18 Uhr, ca. 50 Min., gegen Spende; Kuppelaufstieg (Eingang G) März–Okt. Mo–Sa 10–18, So 12.30–18, Juli, Aug. Fr, Sa bis 19, sonst Mo–Sa 10–16, So 12.30–16 Uhr, 8 €, erm. 5 €

Der Bauplatz war nur 50 x 50 m groß. Architekt George Bähr entwarf dafür auf oktogonalem Grundriss einen turmartig aufstrebenden überkuppelten Zentralbau mit vier über Eck gestellten Außentürmen. Ebenso genial wie elegant war und ist die monumentale, steil aufragende und wegen ihres geschwungenen Anlaufs auch »Steinerne Glocke« genannte Kuppel. 1743 war die Frauenkirche nach 17-jähriger Bauzeit und einigen Rückschlägen vollendet. 202 Jahre lang zierte das außergewöhnliche Bauwerk Dresdens Stadtsilhouette. Doch bei den schweren Bombenangriffen im Februar 1945 brannte die Kirche vollständig aus und stürzte am 15. Februar in sich zusammen.

Zu DDR-Zeiten galt die Ruine als ein tragisches Mahnmal gegen den Krieg. Ende der 1980er-Jahre gründete sich eine Dresdner Initiative für den Wiederaufbau. Der gelang, auch mit tatkräftiger internationaler Unterstützung aus vielen Ländern. Der britische Dresden Trust etwa stiftete das neue Turmkreuz. Gefertigt wurde es von einem Londoner Kunstschmied, dessen Vater zu den Bomberpiloten des 13./14. Februar gehört hatte. Die Frauenkirche avancierte so zu einem Symbol der Versöhnung.

Für den Wiederaufbau sollten möglichst viele Originalbauteile verwendet werden. An den Außenmauern heben sich die alten Steine durch ihren dunkleren Ton ab. In der Kuppel wurden aus Sicherheitsgründen allerdings nur neue Steine verbaut. Nach zwölf Jahren Bauzeit, am 30. Oktober 2005, konnte die Frauenkirche erneut geweiht werden.

Auch innen zeigt sich der Raum heute wieder in einer für protestantische Kirchen ungewöhnlichen Farbenfreude und Leichtigkeit. In dem fast kreisrunden Kirchenschiff orientieren sich fünf im Halbkreis angeordnete Emporen zum Chor mit Altar, Kanzel, Taufstein und Orgel. Die Kanzel ist in die Chorbalustrade eingelassen, im Zentrum des ebenfalls barocken Altars sieht man Christus beim Gebet am Ölberg, über ihm ein Engel und eine Gloriole mit dem Auge Gottes.

Ein weiteres Glanzlicht ist die Orgel über dem Altar. Der reich verzierte, von zwei Engeln bekrönte Orgelprospekt mit vorgewölbtem Mittelturm und zurücktretenden Seitenteilen ist eine originalgetreue Rekonstruktion der einstigen Silbermann-Orgel. Die größte ihrer 4876 Pfeifen misst über 5 m, die kleinste weniger als 1 cm.

Über dem lichtdurchfluteten Kirchenraum schwingt sich die innere Kuppel bis in 37 m Höhe auf. Wer den Blick von der 67 m hohen Aussichtsplattform der äußeren Kuppel genießen möchte, fährt im nordöstlichen Treppenturm mit dem Aufzug zunächst 24 m in die Höhe. Dann geht es auf einem stufenlosen Wendelgang zwischen äußerer und innerer Hauptkuppelschale mit einer Steigung von 14 Grad ganz nach oben. Dabei bieten sich immer wieder Einblicke in den tief unten liegenden Kirchenraum. Auf der Aussichtsplattform angekommen, öffnet sich eine herrliche Rundumsicht über Stadt und Fluss.

 Sehenswert

Neumarkt
| Platz |

Zwei Denkmäler zieren den Platz vor der Frauenkirche. Das überlebensgroße Standbild Martin Luthers (1885) zeigt den Reformator in ruhiger Hal-

Die aus Ruinen wieder aufgebaute Frauenkirche gilt als Symbol der Versöhnung

tung und mit der rechten Hand auf die Bibel pochend. Vor dem Hotel de Saxe steht ein bronzener König Friedrich August II. (1867) in Feldherrenpose auf einem hohen Sockel. Vier Frauenfiguren, Allegorien von Frömmigkeit, Weisheit, Gerechtigkeit und Stärke, sitzen rund um den Sockel.

Im Blickpunkt

Feuersturm über Dresden

Gegen Ende des Zweiten Weltkriegs warfen in der Nacht vom 13. auf den 14. Februar 1945 britische und US-amerikanische Bomberpiloten 529 Luftminen sowie 1800 Spreng- und Brandbomben über der Innenstadt von Dresden ab. Weitere Angriffswellen folgten, allein in dieser Nacht fielen über der Stadt an der Elbe 650 000 Stabbrandbomben. Schätzungen zufolge starben dabei und während des darauffolgenden Brandes 22 700 bis 25 000 Menschen, Dresdens historischer Stadtkern wurde vollständig zerstört.

An materiellen Gütern blieb vieles für immer verloren, anderes wurde in den Jahrzehnten nach Kriegsende und bis ins 21. Jh. hinein so gut wie möglich, mit enormem Aufwand und unter überwältigender Beteiligung vieler Menschen aus aller Welt rekonstruiert und wiederaufgebaut. So steht Dresden auch für einen gemeinsamen Neubeginn nach einem der schlimmsten zerstörerischen und menschenverachtenden Kriege der Menschheit – Symbol der Hoffnung ebenso wie der Verpflichtung.

 Parken

Tiefgarage Frauenkirche/Neumarkt 148 Stellplätze auf zwei Etagen. ■ Frauenkirche 12 a, Zufahrt über Landhausstr. 2, Tel. 03 51/496 06 03, www.tiefgarage-frauenkirche.de, 2 € je Std., 20–6 Uhr 1,50 € je Std.

 Restaurants

€€ | **Coselpalais** Grand Café mit feiner Konditorei sowie Restaurant mit sächsischen und mediterranen Speisen in wunderschönem Spätbarockbau. Große Terrasse im Ehrenhof. ■ An der Frauenkirche 12, Tel. 03 51/496 24 44, www.coselpalais-dresden.de, Mo–Fr 11–24, Sa, So 10–24 Uhr

10 Albertinum

Von der Romantik bis zur Gegenwart: ein Gebäude voller Kunst

■ Tram 4, 8, 9 Theaterplatz; Tram 3, 7 Synagoge
■ Tzschirnerplatz 2, Eingang Brühlsche Terrasse und Georg-Treu-Platz, Tel. 03 51/49 14 20 00, www.skd.museum, Di–So 10–18 Uhr, 10 €, erm. 7,50 €

Die gewaltige Elbflut im Jahr 2002 erwies sich für das Albertinum als Katastrophe und als Chance zugleich. Damals retteten Dresdner Bürger viele Kunstwerke aus den bereits vom Wasser umspülten Kellerdepots, danach stellten 46 zeitgenössische Künstler, unter ihnen Gerhard Richter und Georg Baselitz, Werke für eine Versteigerung zur Verfügung. Der Erlös von 3,4 Mio. Euro bildete den Grundstein für die gut 50 Mio. Euro teure Modernisierung und Erweiterung des Gebäudes. Im Jahr 2010 konnte das neue,

Von der Romantik bis in die Gegenwart reichen die Kunstschätze des Albertinums

jetzt flutsichere Albertinum feierlich eröffnet werden.

Eine »Arche für die Kunst« will das Albertinum nun sein. Hierfür wurde dem Innenhof des an sich wuchtigen Vierflügelbaus in 17 m Höhe ein gläserner zweigeschossiger Überbau aufgesetzt, der auf 2400 m² Platz für Depots und Werkstätten bietet. Darunter öffnet sich ein gigantischer elfenbeinfarbener Lichthof mit pharaonischer Treppenrampe, ein Raumgebilde von geradezu atemberaubendem Purismus. Er fungiert als Foyer für die zwei Kunstmuseen im Haupthaus.

◉ **Sehenswert**

Galerie Neue Meister
| Museum |

Spitzenwerke der Romantik, des Impressionismus, Expressionismus und der Gegenwartskunst, überwiegend aus dem 19. und 20. Jh., sind die Glanzpunkte der Galerie Neue Meister mit ihren rund 300 Werken.

Chronologisch beginnt die Ausstellung mit den romantischen Landschaften Caspar David Friedrichs, darunter »Das Kreuz im Gebirge« und »Zwei Männer in Betrachtung des Mondes«, sowie weiteren Hauptwerken der deutschen Romantik. Publikumslieblinge sind die Gemälde französischer und deutscher Impressionisten wie Claude Monet oder Lovis Corinth. Spannend werden immer wieder Malereien und Skulpturen verschiedener Stilepochen und Kulturen gepaart. Der von einer Ägyptenreise inspirierte Bilderzyklus des Impressionisten Max Slevogt etwa teilt sich den Raum mit der frei stehenden Marmortür des chinesischen Konzeptkünstlers Ai Weiwei.

Einen besonderen Platz nehmen die farbkräftigen Werke der 1905 in Dresden gegründeten expressionistischen Künstlergruppe »Brücke« ein. Auch Mitglieder der gesellschaftskritischen Dresdner Sezession wie Otto Dix oder Carl Lohse sind vertreten.

Den zeitgenössischen Künstlern A. R. Penck und Georg Baselitz, die ihre Karrieren in Sachsen begannen, ist jeweils ein eigener Saal gewidmet. Auch die Neuen Medien sind mit Video- und Klanginstallationen sowie Filmen präsent.

Skulpturensammlung
| Museum |

Schon gleich am Eingang stimmen zwei Figuren den Besucher ein, der auf 1695 datierte »Chronos« von Balthasar Permoser und der »Ägypter« von Ulrich Rückriem aus dem Jahr 2009. Danach gibt eine große Glasscheibe den Blick frei in ein Schaudepot mit etwa 150 Figuren von der Antike bis zum Barock.

Durch den Lichthof geht es weiter in die Skulpturenhalle, in der über 120 Jahre Bildhauerei gegenwärtig sind. Den Anfang macht Auguste Rodins Schlüsselwerk der Moderne, die Sitzfigur des in sich versunkenen »Denkers«. Interessant sind auch Werke aus DDR-Zeiten von Wieland Förster, Werner Stötzer oder Walter Arnold, experimentelle Exponate wie Stephan von Huenes Klang-Skulptur »Low« (1999) oder Birgit Diekers »Seelenfänger« aus dem Jahr 2005.

Im ersten Stock widmen sich Klingersaal und Mosaiksaal dem Symbolismus mit seinen teils düsteren Bildwerken und den Skulpturen des Klassizismus.

Viel Raum zum Betrachten der Exponate haben Besucher der Skulpturensammlung

🍴 Restaurants

€€€ | **Kastenmeiers** Feine Fischgerichte, kreativ zubereitet und serviert in elegantem Ambiente. Schöner Arkadenhof. ◼ Tzschirnerplatz 3–5/Kurländer Palais, Tel. 03 51/48 48 48 01, www.kastenmeiers.de, tgl. 16–23 Uhr

11 Neue Synagoge

Gotteshaus und Gemeindezentrum in avantgardistischem Gewand

◼ Tram 3, 7 Synagoge
◼ Hasenberg 1, Gemeindehaus Tel. 03 51/656 07 20, Hatikva e.V. Tel. 03 51/656 88 25, www.hatikva.de, Besichtigung nur im Rahmen einer ca. 1-std. Führung (Männer nur mit Kopfbedeckung), So–Do mögl., 6 €, erm. 4 €

Gottfried Semper war Baumeister der Alten Dresdner Synagoge von 1833. Sie ging in der Reichspogromnacht des 9. November 1938 in Flammen auf. Im Jahr 2001 konnte die jüdische Gemeinde dann am alten Standort die Neue Synagoge einweihen, ein avantgardistischer Neubau des Saarbrücker Architektenbüros Wandel, Lorch und Hirsch.
Zwei gewaltige Kuben aus Kunstsandstein beherbergen die Synagoge und das etwas niedrigere Gemeindezentrum, ein begrünter Hof verbindet die beiden. Auf seinem Pflaster markieren eingefasste Glasscherben die Umrisse des zerstörten Semperbaus. Die 24 m hohe Synagoge ist fensterlos und leicht in sich gedreht, sodass der obere Teil nach Osten in Richtung Jerusalem blickt. Der Davidstern über dem Eingangsportal wurde aus den Trümmern der alten Synagoge geret-

Sachlich und ausdrucksstark ist die Architektur der Neuen Synagoge

tet. Innen umgibt ein Vorhang aus Metallgeflecht den Gebetssaal wie ein Zelt. Es verweist auf das Zeltheiligtum der Israeliten während der Wüstenwanderung.

12 Landhaus

Dresdner Stadtgeschichte und -ansichten aus mehreren Jahrhunderten

◼ Tram 1, 2, 3, 4, 7, 12 Pirnaischer Platz
◼ Wilsdruffer Str. 2, Eingang Landhausstraße, www.stadtmuseum-dresden.de, www.galerie-dresden.de, Di–So 10–18, Fr 10–19 Uhr, 5 €, erm. 4 €

Architektonisch kompakt, wie 1770–76 erbaut, bezaubert das klassizistische

Landhaus durch seinen viergeschossigen, sinnlich gerundeten Mittelbau, über dem vorwitzige, oval profilierte Dachgauben hervorlugen. Rechter Hand wurde 2005 eine frei stehende stählerne Fluchttreppe angefügt, im Dresdner Volksmund »Reuse« genannt. Die einen loben sie als avantgardistisch, den anderen gilt sie als ärgerlicher Stilbruch.

 Sehenswert

Dresdner Stadtmuseum
| Museum |

Mehr als 1000 Exponate und 20 Mediensstationen mit Ton- und Bilddokumenten illustrieren chronologisch die Geschichte Dresdens seit seiner ersten Erwähnung im Jahr 1206. Dresden wird als Stadt der Künste und Wissenschaften vorgestellt, weitere Themen sind die Industrialisierung und der Maiaufstand von 1849, die Zeit der Naziherrschaft und die Zerstörung Dresdens 1945. Fotos, Tagebücher und persönliche Gegenstände aus dem Besitz der Stadtbevölkerung bieten ein vielfältiges und spannendes Mosaikbild der Erinnerungen – auch an die Geschichte der DDR und die Jahre der Wiedervereinigung. Eine Besonderheit ist das begehbare Luftbild Dresdens im 4. Stock.

Städtische Galerie Dresden
| Museum |

Wechselausstellungen zeigen einige der insgesamt 1700 Gemälde, 800 Skulpturen und mehr als 20 000 Grafiken umfassenden Kollektion, die vom 16. Jh. bis in die Gegenwart reicht. Der Bogen spannt sich von Tafelbildern der »Zehn Gebote« über eindrucksvolle Ansichten der Elbstadt aus dem 19. und 20. Jh. bis hin zu Otto Dix, der mit einem jugendlichen »Selbstbildnis« von 1912 vertreten ist.

Im Blickpunkt

 Striezelmarkt

Benannt ist der 1434 erstmals erwähnte Striezelmarkt nach dem Festtagsstriezel, auch bekannt als Stollen. Ein etwa 2000 kg schweres Exemplar dieser ebenso leckeren wie gehaltvollen Weihnachtsspezialität wird am Samstag vor dem zweiten Advent beim Stollenfest in einem fröhlichen Umzug vom Zwinger zum Altmarkt getragen. Bäckermeister und das frisch gekürte »Stollenmädchen« zerteilen es hier mit einem 1,60 m langen Stollenmesser. Auf dem Weihnachtsmarkt versammeln sich rund 200 Stände um einen prächtigen Weihnachtsbaum und eine meterhohe erzgebirgische Stufenpyramide. In den Marktgassen lockt ein kunterbuntes Angebot: Weihnachtsschmuck aus Thüringen, Keramik aus Schlesien, Schnitzereien, Punsch und »Pflaumentoffel« (schwarzgedörrte Männchen aus Backpflaumen) und natürlich Stollen. Und zum besonderen Entzücken der Kinder öffnet sich jeden Abend ein Türchen des großen Adventskalenders – Weihnachtsstimmung, wie sie schöner kaum sein könnte.
Altmarkt, www.weihnachtsmarkt-dresden.de, Ende Nov.–23. Dez. tgl. 10–21, 24. Dez. bis 14 Uhr

![Auf eine jahrhundertealte Tradition kann der Striezelmarkt zurückblicken](image)

Auf eine jahrhundertealte Tradition kann der Striezelmarkt zurückblicken

13 Altmarkt

Zentraler Stadtplatz, Besuchermagnet vor allem zur Weihnachtszeit

■ Tram 1, 2, 4 Altmarkt

Seit dem Mittelalter finden auf dem großen rechteckigen Altmarkt regelmäßig Märkte statt. Vom Alten Rathaus aus dem 13. Jh. blieb lediglich sein farblich abgesetzter Grundriss im Pflaster an der Nordwestseite. Überhaupt sieht der Platz heute kaum noch historisch aus, was auch an der verkehrsreichen Willsdruffer Straße liegt, die ihn im Norden schneidet. Jenseits liegt der blockhafte Kulturpalast von 1969, an der Ost- und Westseite des Platzes entstanden in den 1950er-Jahren historisierende Bauten mit Erkern, Sandsteinputzfassaden, Dachgauben und stilgerechtem Baudekor. Ein Durchgang in den westlichen Arkaden führt zur Einkaufspassage Altmarkt-Galerie mit mehr als 100 Geschäften und Restaurants. Ende der 1990er-Jahre schlossen moderne Bauten die Baulücke im Süden. Alljährlich im Dezember findet auf dem Altmarkt der berühmte Dresdner Striezelmarkt statt, einer der ältesten und schönsten Weihnachtsmärkte Deutschlands (S. 46).

 Sehenswert

Kulturpalast
| Kulturzentrum |
Umfassend wurde der 1969 eröffnete und nun unter Denkmalschutz stehende Kulturpalast samt Vorplatz renoviert. Seit Frühjahr 2017 ist das »Kulti« als kulturelles Zentrum wieder Heimat der Dresdner Philharmoniker (S. 50)

und des Polit-Kabaretts »Die Herkuleskeule« (S. 50). Auch die Zentralbibliothek der Städtischen Bibliotheken Dresden und das Besucherzentrum der Stiftung Frauenkirche haben hier Platz gefunden.

Knapp 20 m hoch ist der Flachbau mit Glasfassade an der Südseite. Beachtenswert sind die Bronzeportale, auf denen die Geschichte Dresdens dargestellt ist. Die Fassade zur Schlossstraße zeigt das 30 × 10 m große Wandbild »Der Weg der roten Fahne«, ein Zeitdokument des Sozialistischen Realismus.

■ Schlossstr. 2

Kreuzkirche

| Ausblick |

 Wundervoller Blick vom Turm über das barocke Dresden

Der Name der evangelischen Hauptkirche Dresdens bezieht sich auf einen Splitter vom Kreuz Christi, der 1235 als Reliquie in den Kirchenbesitz kam. 1539 fand hier der erste lutherische Gottesdienst in Dresden statt. Über die Jahrhunderte wurde die Kirche mehrfach durch Brände und Kriege zerstört, zuletzt während des Feuersturms 1945. Das Geläut ist nach dem des Kölner Doms das zweitgrößte in Deutschland, die fünf Bronzeglocken hatten die Weltkriegs-Bombardements wie durch ein Wunder unbeschadet überstanden. Und auch 1989, im Jahr der friedlichen Revolution, spielte die Kreuzkirche eine wichtige Rolle als Schauplatz von Friedens- und Protestgottesdiensten.

Äußerlich zeigt sich der rekonstruierte Kirchenbau im neobarocken Erscheinungsbild des 18. Jh. Vom Kirchturm (92 m) mit seiner Aussichtsplattform auf 54 m Höhe hat man einen beeindruckenden Blick über Dresden und die Elbe. Innen wirkt der imposante dreischiffige Zentralbau trotz des Jugendstilaltars recht schmucklos.

Die musikalische Tradition führt der berühmte Kreuzchor fort. Wenn alljährlich am 25. Dezember um 6 Uhr morgens das Krippenspiel aufgeführt wird und dazu die 125 »Kruzianer« des traditionsreichen Knabenchors singen, ist die Kirche stets bis auf den letzten ihrer 3000 Plätze gefüllt. Im Übrigen umfasst das Repertoire des Chors geistliche und weltliche Musik vom Frühbarock bis zur Moderne.

■ Altmarkt, An der Kreuzkirche 6, Ticket-Tel. 03 51/439 39 39, www.kreuzkirche-dresden.de, www.kreuzchor.de, Turm und Kirche So–Fr 10–18 (Turm So erst ab 12), Sa 10–15 Uhr, eingeschränkte Öffnungszeiten vor Vespern und Konzerten

P Parken

Tiefgarage Altmarkt 473 Plätze. ■ Wilsdruffer Straße, Tel. 03 51/481 02 74, Einfahrt tgl. 7–23 Uhr, 1,50–2,50 € pro Std., Tageshöchstsatz 20 €

Cafés

Café Kreutzkamm Seit 1825 süße Leckereien wie Eierschecke, Quarkkeulchen, Stollen und Baumkuchen. ■ Altmarkt 25, Tel. 03 51/495 41 72, www.kreutz kamm.de, Mo–Sa 9.30–21, Aug.–Mai So 12–18 Uhr

Anklänge an den Jugendstil zeigt der Treppenaufgang im Neuen Rathaus

`14` Neues Rathaus

Goldene Pforte und Architekturmix für die Dresdner Stadtverwaltung

■ Tram 1, 2, 3, 4, 7, 12 und Bus 62, 75 Pirnaischer Platz; Tram 8, 9, 11, 12 Prager Straße
■ Dr.-Külz-Ring 19, Rathausturm zzt. wg. Bauarbeiten geschl.

Der ursprünglich 1905–10 erbaute sandsteinverkleidete Rathauskomplex mit sechs Innenhöfen und einem 100 m hohen, achteckigen Turm vereinigt Stilelemente aus Neorenaissance, Neobarock und Jugendstil. Der goldschimmernde Rathausmann auf der Turmspitze gehört zu den Wahrzeichen Dresdens. Die rund 5 m große muskulöse Aktfigur stellt den Dresdner Stadtpatron Herkules dar. Mit der erhobenen Rechten scheint er die Stadt zu segnen, mit der Linken schüttet er ein Füllhorn über ihr aus. Nach Abschluss aktueller Bauarbeiten wird auch die Aussichtsplattform auf dem Rathausturm in 68 m Höhe wieder zugänglich sein.

Gleichfalls prunkvoll ist die Goldene Pforte, das Hauptportal am Rathausplatz. Vier vergoldete Gittertüren zieren den Eingang, davor wachen zwei bronzene Löwen. Über dem Eingang sind die Wappen von Städten zu sehen, die im Zweiten Weltkrieg ein ähnlich schweres Schicksal erlitten wie Dresden, darunter das britische Coventry.

Auf dem Rathausplatz selbst ehrt das Denkmal »Trümmerfrau« (1952) von Walter Reinhold all jene Dresdnerinnen, die in der Nachkriegszeit die allgegenwärtigen Trümmer mit ihren bloßen Händen aufräumten.

Am Abend

Dresden genießt einen formidablen Ruf als vielseitige Kulturstadt. In der Altstadt konzentriert sich dieser Anspruch in seiner meist klassischen Ausprägung wie unter einem Brennglas, viele der bekannten Bühnen und Spielstätten sind hier zu finden. Passend dazu fehlt es auch nicht an Gelegenheiten, vor und nach dem Kulturgenuss ganz in der Nähe gepflegt oder leger auszugehen.

Bühne

Die Herkuleskeule Polit-Kabarett mit Geschichte. ■ Kulturpalast, Schlossstr. 2, Tel. 03 51/492 55 55, www.herkuleskeule. de, Tram 1, 2, 4 Altmarkt

Sommertheater Im Sommer spielen die Städtischen Bühnen im überdachten Innenhof des Bärenzwingers. ■ Brühlscher Garten 1, Tel. 03 51/212 67 23, www.sommertheater-dresden.de, Tram 3, 7 Synagoge

Staatsschauspiel Klassiker und Stücke junger Autoren. ■ Theaterstr. 2, zweite Spielstätte Glacisstr. 28, Tel. 03 51/491 35 55, www.staatsschauspiel-dresden.de, Tram 1, 2, 4, 11, 12 Postplatz bzw. 3, 6, 7, 8, 11 Albertplatz

Theaterkahn Schwimmendes Theater auf einem Elbkahn, Programm von Kabarett bis Komödie. ■ Terrassenufer an der Augustusbrücke, Tel. 03 51/496 94 50, www.theaterkahn-dresden.de, Tram 4, 8, 9 Theaterplatz

Konzerte

Dresdner Philharmonie Spitzen-Konzertorchester. ■ Kulturpalast, Schlossstr. 2, Tel. 03 51/486 68 66, www. dresdnerphilharmonie.de, Tram 1, 2, 4 Altmarkt

Neue Tonne Livemusik im legendären Jazzclub. ■ Kurländer Palais, Tzschirnerplatz 3–5, Tel. 03 51/802 60 17, www. jazzclubtonne.de, Tram 3, 7 Synagoge

Semperoper – Sächsische Staatsoper und Staatskapelle Dresden Weltbekanntes Haus mit Traditionsorchester. Experimentelles nebenan in der Spielstätte »Semper Zwei«. ■ Theaterplatz 2, Tel. 03 51/491 17 05, www. semperoper.de, Tram 4, 8, 9 Theaterplatz

Studentenclub Bärenzwinger Studentisches Kulturzentrum in den Gewölben der Festung. ■ Brühlscher Garten 1, Tel. 03 51/495 14 09, www.baeren zwinger.de, Tram 3, 7 Synagoge

Kneipen, Bars und Clubs

Balance Bar Schick-gemütliche Bar im Hilton Hotel. ■ An der Frauenkirche 5, Tel. 03 51/864 28 48, www.hilton-hotels. de, tgl. 17–24 Uhr, Tram 1, 2, 3, 4, 7, 12 Pirnaischer Platz

⑥ **Karl May Bar** Klassisch-elegante Bar im luxuriösen Taschenbergpalais, stilvolle Atmosphäre und hervorragende Cocktails. ■ Taschenberg 3, Tel. 03 51/491 27 20, www. kempinski-dresden.de, tgl. 18–2 Uhr, Tram 1, 2, 4, 11, 12 Postplatz

Raucherbar Kowalsky Rauchen erwünscht, dazu feine Cocktails. ■ An der Frauenkirche 13, Tel. 0351/32 36 72 10, www.kowalsky.de, Tram 1, 2, 3, 4, 7, 12 Pirnaischer Platz

Übernachten

Mehrere der barocken, klassizistischen oder gründerzeitlichen Prachtbauten der Altstadt beherbergen heute moderne Hotels. Viele von ihnen bieten Luxus zu entsprechenden Preisen, es finden sich aber auch sehr gute bezahlbare Unterkünfte. Frühzeitig buchen sollten Sie allerdings schon, wenn Sie hier, mitten im Herzen von Dresden oder zumindest nur wenige Schritte entfernt, übernachten wollen.

€

Aparthotel am Zwinger Nette, verschieden große Apartments und Zimmer mit Kochzeile in restauriertem Gründerzeitensemble, zu Fuß nur fünf Minuten von Zwinger und Semperoper entfernt. ■ Maxstraße 3–7, 01607 Dresden, Tel. 03 51/89 90 01 00, www.aparthotel-zwinger.de

Hofgärtnernhaus Das Gästehaus der evangelisch-reformierten Gemeinde zu Dresden in einem barocken Baudenkmal liegt erstklassig am Rand des Brühlschen Gartens. Zurückhaltend-angenehm in Ambiente und Ausstattung. Teeküche (Gästenutzung) und Restaurant im Haus.
■ Brühlscher Garten 4, 01607 Dresden, Tel. 03 51/43 82 30, www.hofgaertner haus.de

€€

Aparthotels An der Frauenkirche Vier Häuser in bester Altstadt-Lage, ob Neumarkt, Münzgasse, am Schloss oder mit direktem Blick auf die Frauenkirche., z.T. mit voll ausgestatteter Küche. ■ Neumarkt 7, Münzgasse 10 und Schössergasse 16, 01607 Dresden, Tel. 03 51/ 438 11 10438 11 11, www. aparthotels-frauenkirche.de

Innside Modernes Design-Hotel in sehr guter Lage zwischen Frauen-kirche und Albertinum. Von der Cocktailbar im 6. Stock schöner Blick auf die Kuppel der Frauenkirche. ■ Salzgasse 4, 01607 Dresden, Tel. 03 51/ 79 51 50, www.melia.com

Vienna House QF Hotel Modernes Ambiente und schicke, kühl-elegante Einrichtung. Dachterrasse mit Blick auf die Frauenkirche. ■ Neumarkt 1, 01607 Dresden, Tel. 03 51/563 30 90, www.qf-hotel.de

€€€

Gewandhaus Dresden Luxus im Schatten des Rathausturms in einem prachtvollen, aufwendig renovierten Stadtpalais von 1770. ■ Ringstr. 1, 01607 Dresden, Tel. 03 51/494 90, www. gewandhaus-hotel.de

Steigenberger Hotel de Saxe Repräsentative Herberge nach historischem Vorbild direkt am Neumarkt. Attraktive Kombiangebote. Große Terrasse mit Blick auf die Frauenkirche und gutes Restaurant im Haus.
■ Neumarkt 9, 01607 Dresden, Tel. 03 51/ 438 60, www.steigenberger.com

Taschenbergpalais Kempinski Luxushotel in barockem Stadtpalais, elegant und mit bestem Service.
■ Taschenberg 3, 01607 Dresden, Tel. 03 51/491 20, www.kempinski-dresden.de

Rund um die Altstadt – Stars in der zweiten Reihe

Die linkselbischen Vorstädte laden ein zu sowohl unerwarteten wie spannenden und schönen Entdeckungen

Als zu Beginn des 19. Jh. die Festungsanlagen um die Dresdner Altstadt fielen, hatten die bis dato in ihrer Entwicklung gehemmten Vorstädte endlich Raum, sich auszubreiten. Im Laufe kurzer Zeit bildeten sie einen geschlossenen Ring um die Innenstadt und griffen weit ins Umland aus. Häufig wurden sie wie die Johannstadt im Osten nach ihren königlichen Gründern benannt oder wie die Pirnaische Vorstadt nach den Städten, die als nächste auf der dort durchführenden Landstraße erreicht werden konnten.

Auch das eigentliche Stadtgebiet ist über die Jahrhunderte gewachsen. Heute liegen die Vorstädte nicht mehr außerhalb der Stadtgrenzen und sind mit den öffentlichen Verkehrsmitteln gut zu erreichen. Ein Vorteil für entdeckungsfreudige Dresdenurlauber, denn nicht alle Sehenswürdigkeiten befinden sich so nah bei der Altstadt wie die ehemalige

Zigarettenfabrik Yenidze in der Friedrichstadt, das theater junge generation im neu eröffneten Kraftwerk Mitte oder die Annenkirche in der Willdruffer Vorstadt. Und doch lohnt es sich unbedingt, auch dem Deutschen Hygiene-Museum und dem Großen Garten in der Pirnaischen Vorstadt, dem Panometer im Stadtteil Gruna oder der Technischen Sammlung in Striesen einen Besuch abzustatten. Besonders vielfältig präsentiert sich die Südvorstadt-Ost, die mit Russisch-Orthodoxen Kirche, der renommierten Technischen Universität Dresden und nicht zuletzt dem Buchmuseum die ganze Bandbreite gesellschaftlichen Lebens anreißt.

In diesem Kapitel:

ADAC Top Tipps:

 6 **Technische Sammlungen**
| Museum |
Sächsischer Erfindergeist wird in dem
Technik- und Filmmuseum kurzweilig
vorgestellt und angeregt. 68

ADAC Empfehlungen:

 7 **Deutsches Hygiene-
Museum**
| Museum |
Der Mensch und seine Welt oder
Brainstorming mal anders. 58

 8 **Dresdner Parkeisenbahn**
| Schmalspurbahn |
Mit der Schmalspurbahn durch den
Großen Garten zuckeln. 61

 9 **Bismarcksäule**
| Aussichtsturm |
Wer die 158 Stufen des einstigen
Feuerturms erklimmt, dem liegt das
Elbtal zu Füßen. 66

 10 **Asisi Panometer**
| Rundbild |
Mittendrin statt nur dabei im
barocken Dresden und im Dresden
von 1945. 67

11 **Pension am Großen Garten**
| Pension |
Unter Dresdnern – Übernachten in
ruhiger Wohngegend im Osten des
Großen Gartens. 71

15 Yenidze

Industriedenkmal und Dachcafé mit originell-orientalischer Anmutung

- Tram 10 und Bus 75 Heinz-Steyer-Stadion
- Weißeritzstr. 3, www.yenidze.eu

In der Friedrichstadt fällt nahe dem Alten Katholischen Friedhof und der Marienbrücke ein eigenwilliger Bau mit bunt verglaster Jugendstilkuppel auf. Was nach einer arabischen Fantasie aussieht, ist in Wirklichkeit die einstige Orientalische Tabak- und Zigarettenfabrik Yenidze.

Die märchenhaft verspielte »Tabakmoschee« entstand 1909–12, der Name Yenidze geht auf ein Dorf im damaligen Osmanischen Reich zurück, aus dem der königlich-sächsische Hoflieferant Hugo Zietz seine Orienttabake importierte. In der Dresdner Fabrik wurden sie zu Zigaretten der Marken »Salem«, »Mogul« und »Fatima« verarbeitet. Zu DDR-Zeiten war hier das Kontor der Tabakindustrie ansässig, produziert wurden die Zigarettensorten »f6« und »Karo«. Heute lockt unter der 17 m hohen, nachts von innen beleuchteten Kuppel des als Bürohaus genutzten Komplexes ein Restaurant. Zudem werden Lesungen von Märchen aus dem Orient und aus aller Welt veranstaltet, dazu gibt es häufig Musik und Bauchtanz.

Gefällt Ihnen das?

Ihnen erscheint die Yenidze-Kuppel üppig gekachelt? Dann sollten Sie erst mal den porzellangefliesten **Fürstenzug** (S. 34) oder gar **Pfunds Molkerei** (S. 88) sehen!

 Restaurants

€€ | Kuppelrestaurant Rustikal eingerichtet. Bunte Speisekarte mit Schüsselsülze und Kalifenschmaus. Im Sommer lockt die Dachterrasse mit weiter Aussicht als »höchster Biergarten« der Stadt. ■ Weißeritzstr. 3, Tel. 0351/4905990, www.kuppelrestaurant.de, tgl. 12–23 Uhr

 Kinder

1001 Märchen und Geschichten »Unter der Kuppel der Yenidze« spielt, erzählt, tanzt und musiziert ein freies Ensemble aus rund 50 Künstlern regelmäßig auch für Kinder. ■ Weißeritzstr. 3, Tel. 0341/4951001, www.1001maerchen.de, für Kinder Sept.–April Sa, So 16 Uhr

16 Kraftwerk Mitte

Industrielle Vergangenheit trifft auf kreative Köpfe

- Tram 1, 2, Bus 94 Schweriner Straße; S 1, S 2, Tram 1, 2, 6, 10, Bus 94 Bahnhof Mitte
- Wettiner Platz, zwischen Bahndamm und Musikhochschule, www.kraftwerk-mitte-dresden.de

Zwischendurch schnell mit Freunden einen Espresso trinken oder nach der letzten Teamsitzung einfach gemeinsam das neue Theaterstück ansehen – so soll das neue Kraftwerk Mitte künftig genutzt werden. Ende 2016 wurde das geradlinige, umgebaute und sanierte Industriedenkmal aus dem 19. Jh. in der innenstadtnahen Wilsdruffer Vorstadt als »Kunst-, Kultur- und Kreativstandort« wiedereröffnet. Nun

Die Dachterrasse des Yenidze ist mit ihrem weiten Ausblick ein beliebter Treffpunkt

beherbergen die Klinker-Ziegelmauern Büros und Ateliers, Ausstellungs- und Museumsräume, Gastronomie, Nachtleben sowie die Staatsoperette Dresden und das tjg – theater junge generation (s.u. und S. 70). Jahrelang mussten die beiden würdigen Kulturinstitutionen in Ausweichquartieren spielen, nun genießen sie ein gemeinsames großzügiges Foyer und moderne Bühnen. Die gelungene Umwidmung des Kraftwerks Mitte wurde mit dem Sächsischen Staatspreis für Baukultur 2017 ausgezeichnet.

 Kinder

tjg – theater junge generation Ob Sprech-, Tanz- oder Puppentheater, seit seiner Gründung im Jahr 1949 zeigt Dresdens renommiertes Kinder- und Jugendtheater Klassiker und Experimentelles für Kinder und Jugendliche von 2 bis 16 Jahren. Abends gibt es auch Puppenspiel-Inszenierungen ei-

gens für Erwachsene. ■ Tel. 03 51/32 04 27 77, www.tjg-dresden.de, Mitte Aug.– Ende Juni, 12 €, erm. 6 €

 Cafés

T1 Bistro-Café im ehemaligen Pförtnerhaus, zur Auswahl stehen Kaffee, Kuchen, Suppen, Quiches und Fingerfood (fast) den ganzen Tag über. Bierchen und Eis geht auch. ■ Kraftwerk Mitte 4, Tel. 03 51/48456751, Mo–Fr 9–23, Sa, So 11–23 Uhr

17 Annenkirche

»Kleine Schwester der Kreuzkirche« zu Ehren der Landesmutter Kurfürstin Anna

■ Tram 7, 12 Alfred-Althus-Straße
■ Annenstraße, Tel. 03 51/496 19 66, tgl. zu den Gottesdiensten geöffnet

Über das neue, im Frühjahr 2017 eingeweihte Altarbild der südafrikanischen Künstlerin Marlene Dumas wurde und wird viel diskutiert. Tatsächlich aber passt der 3,60 x 7,80 m große Lebensbaum, u.a. mit Regenbogen und dunkelhäutigem Jesus am Kreuz, ziemlich gut in den hohen lichtweißen, sparsam mit Gold akzentuierten ovalen Kirchenraum.

In ihm überlebten im Zweiten Weltkrieg rund 1000 Dresdner die Bombennacht im Februar 1945. Der Dachstuhl freilich brannte aus, die heutige Haube auf dem 57 m hohen klassizistischen Turm wurde erst 1997 wieder aufgesetzt. Auch dass die Kirche innen trotz ihrer drei seitlich eingezogenen Emporen so »sachlich« wirkt, ist der Wiederherstellung nach dem Krieg geschuldet. Annenkirche heißt das Gotteshaus übrigens nicht nach einer Heiligen, sondern nach der im Volksmund »Mutter Anna« genannten sächsischen Kurfürstin Anna von Dänemark (1532–85). Ein erster Bau war im Siebenjährigen Krieg zerstört worden, die spätbarocke Nachfolgekirche wurde 1769 geweiht und im frühen 20. Jh. stellenweise mit Jugendstilelementen versehen. Ein Kunstgenuss sind die Orgelkonzerte, die hier regelmäßig stattfinden.

18 Prager Straße

Einkaufsstraße und Flaniermeile zwischen Hauptbahnhof und Altmarkt

■ Tram 1, 2, 4 Altmarkt; Tram 3, 7, 8, 9, 10, 11 und S 1, S 2, S 3 Dresden Hauptbahnhof

Mitte des 19. Jh. entstand zwischen dem damaligen Böhmischen Bahnhof, heute Hauptbahnhof, und dem Altmarkt ein Gründerzeitviertel mit der

Prager Straße als Hauptverkehrsachse und Einkaufsmeile. Die Bürger strömten hier in die Warenhäuser, saßen in noblen Cafés, erstanden in Delikatessenläden, Blumen- und Kunsthandlungen schöne Dinge. Nach dem Krieg war die Prager Straße ein Trümmerfeld. Die Neugestaltung als weitläufiger Boulevard von sozialistisch-geometrischer Strenge mit funktionalen Plattenbauten erfolgte dann in den 1960er-Jahren. Nach der Wiedervereinigung wurde die Einkaufs- und Hotelmeile als Fußgängerzone restauriert.

Kommt man von der Altstadt, flaniert man zum Hauptbahnhof Richtung Seevorstadt. Gleich rechts lockt anstelle des 2007 abgerissenen Centrum Warenhauses aus DDR-Zeiten die Centrum Galerie mit zahlreichen Geschäften und Events hinter einer wabenförmigen Aluminiumfassade. Die riesenhafte Einkaufsmeile bietet schicke Mode und Schmuck ebenso wie Schreibwaren und Süßigkeiten. Wer die Shoppingtour mit einem Kinobesuch verbinden möchte, hat nahebei gleich zwei Lichtspielhäuser (S. 70) zur Auswahl. Sowohl das Neue Rundkino, ein 20 m hoher Zentralbau mit einem Durchmesser von 50 m, als auch der benachbarte UFA Kristallpalast mit seinem markanten Stahl-Glas-Foyer zeigen große Kinoproduktionen. Vorbei an weiteren Warenhäusern erreicht man schließlich die drei elfstöckigen Hotelkomplexe der Ibis-Gruppe, die nach Felsen in der Sächsischen Schweiz »Bastei«, »Königstein« und »Lilienstein« heißen. Pavillons, Wasserspiele und Skulpturen schmücken hier die Fußgängerzone. Am südlichen Ende der Prager Straße steht das futuristisch anmutende Glaskugelhaus am Übergang vom Wiener-

Strenge Geometrie ist das bestimmende Merkmal der Prager Straße

platz zum Bahnhofsvorplatz. Der viergeschossige Gebäudequader aus Glas birgt eine sechsstöckige kugelförmige Halle mit Zugang zu weiteren Geschäften und Restaurants.

Der Dresdner Hauptbahnhof schließlich war schon bei seiner Eröffnung 1898 als Insel- und Kopfbahnhof auf zwei Ebenen ungewöhnlich. Der Zweite Weltkrieg und die Jahrhundertflut 2002 richteten auch hier große Schäden an. Im Zuge der Erneuerung wurden die markanten Hallengewölbe des Bahnhofs mit einer milchiglichtdurchlässigen Glasfasermembran überzogen, ein Werk des britischen Stararchitekten Sir Norman Foster.

Parken

Parkhaus Centrum Galerie Mehr als 1000 überdachte Parkplätze. ■ Zufahrt Reitbahnstr. 1, 1. Stunde 1,50 €, jede weitere Std. 1 €, max. 5 € pro Tag

Cafés

Whiskey & Genuss Whiskeyfachgeschäft (über 400 Sorten) und das dazu passende, etwas andere Café. ■ Wallstr. 13, Tel. 03 51/48 52 76 48, www.whisky-genuss-dresden.de, Mo–Sa 10–19 Uhr

Einkaufen

Centrum Galerie Mit 52 000 m² und 120 Geschäften das größte Einkaufszentrum der Stadt. ■ Prager Str., www.centrumgalerie.de, Mo–Sa 9.30–20 Uhr

Kugelhaus Das Motto heißt »Bummeln, Einkaufen, Schlemmen«. ■ Wiener Platz 10, Tel. 03 51/43 83 70 71, www.kugelhaus-dresden.de, Mo–Sa in der Regel 10–20 Uhr

Das Deutsche Hygiene-Museum untersucht die vielen Facetten menschlichen Lebens

19 Deutsches Hygiene-Museum

 Modernes Museum mit kreativen Antworten auf Fragen des Lebens

■ Tram 10, 13 Großer Garten; Tram 1, 2, 4, 12 Deutsches Hygiene-Museum
■ Lingnerplatz 1, Tel. 03 51/484 64 00, www.dhmd.de, Di–So 10–18 Uhr, 8 €, erm. 4 €, Kinder bis 16 Jahre frei

Der Name Deutsches Hygiene-Museum lässt vermuten, dass es in dem kubischen Bau im Stil der Klassischen Moderne und der Neuen Sachlichkeit am Westrand des Großen Gartens vor allem um Sauberkeit und Händewaschen geht. Tatsächlich ist es ein auch historisch angelegtes Wissenschaftsmuseum, das sich heute als »öffentliches Forum für Wissenschaft, Kultur und Gesellschaft« versteht.

Gegründet wurde das Haus auf Initiative des Industriellen Karl August Lingner (1861–1916), dem Miterfinder und Hersteller des antiseptischen Mundwassers Odol. Anlass für die Museumsgründung war die viel beachtete Internationale Hygiene-Ausstellung des Jahres 1911 in Dresden, die auch die zu jener Zeit oft verheerenden Zustände großer Teile der Bevölkerung aufgrund von Wohnungsnot, unzureichenden sanitären Einrichtungen und mangelnder Information thematisierten. Anschaulich-einprägsam sollten in Lingners Museum die Erkenntnisse und Maßnahmen der modernen Medizin einer breiten Öffentlichkeit zugänglich gemacht und so das Gesundheits- und Hygienebewusstsein der Menschen gestärkt werden.

Doch schon wenige Jahre nach der Eröffnung 1912 fiel ein dunkler Schatten auf die Institution, da sie sich unter den Nationalsozialisten bereitwillig in den Dienst der Rassenideologie stellte. Zu DDR-Zeiten war das Museum wieder in erster Linie für die gesundheitliche Aufklärung zuständig, nach der Wiedervereinigung erfuhr es in den 1990er-Jahren eine inhaltliche und bauliche Rundumerneuerung.

Heute dokumentiert das moderne Wissenschaftsmuseum den Menschen und seinen Körper sowie die vielfältigen Wechselwirkungen von Umwelt und Gesellschaft, Kultur und Wissenschaft. Auf 2500 m² sind in sieben Ausstellungsbereichen rund 1300 Exponate, Medieninstallationen sowie Mitmach- und Experimentierstationen aufgeboten. Bekannt ist insbesondere der »Gläserne Mensch« in der Abteilung »Mensch – Körper – Gesundheit«. Bei den aus transparentem Kunststoff gefertigten Modellen von Mann und Frau können Besucher per Knopfdruck die inneren Organe wie Herz, Niere oder Gehirn aufleuchten lassen.

Weitere Themenbereiche sind »Essen und Trinken«, »Menschliche Sexualität«, »Erinnern – Denken – Lernen«, »Der Menschen in Bewegung« sowie »Schönheit, Haut und Haar«.

 Kinder

Welt der Sinne Erlebnisorientiert und inklusiv laden im neuen Kinder-Museum des DHM Spiegellabyrinth, dunkler Tasttunnel, interaktive Großmodelle aller Sinnesorgane u.v.m. junge Besucher ein, die Vielfalt ihrer sinnlichen Möglichkeiten zu erforschen.

ADAC *Spartipp*

Eine Eintrittskarte des Deutschen Hygiene-Museums ist an zwei aufeinanderfolgenden Öffnungstagen gültig. Und freitags gibt es ab 15 Uhr alle Tageskarten zum halben Preis.

20 Gläserne Manufaktur

Schöne neue (Erlebnis-) Welt der Fahrzeugproduktion

■ Tram 1, 2, 4, 10, 12, 13 Straßburger Platz
■ Lennéstr. 1, Tel. 03 51/420 44 11, www.glaesernemanufaktur.de, Mo–Fr 8.30–19, Sa, So 9–18 Uhr, Architekturführung So 16 Uhr, Anmeldung erbeten

Die Autoproduktion als ästhetisches Ereignis zelebriert die Gläserne Manufaktur, eine Fertigungs- und Erlebniswelt des VW-Konzerns. Seit ihrer Gründung 2001 wurde in der hiesigen Montagehalle 14 Jahre lang vor den Augen der Besucher das Luxusmodell »Phaeton« zusammengebaut. Seinen Platz nimmt seit April 2017 der »e-Golf« ein. Zusammen mit einer multimedialen Begleitausstellung präsentiert sich die Gläserne Manufaktur so als neues »Center of Future Mobility«. Inhaltlich geht es dabei um Funktionsweisen von Elektroantrieben, Fahrerassistenzsysteme und digitale Vernetzung. Auch 30-minütige Probefahrten mit Elektrofahrzeugen sind möglich. Dass die Automobilindustrie in Sachsen eine lange Tradition hat, erfährt man im Sonderausstellungsbereich »Automobile Wurzeln«.

 Restaurants

€€ | e-VITRUM Im Restaurant in der Gläsernen Manufaktur serviert Gourmetkoch Mario Pattis seine kulinarischen Kreationen. Schön auch ein Kaffee auf der Gastterrasse. ■ Lennéstr. 1, Tel. 03 51/420 42 50, www.vitrum-dresden.de, tgl. 10–22 Uhr

21 Großer Garten

Naherholung im früheren Kurfürstenpark

Der Carolasee im Großen Garten – eine Idylle abseits des geschäftigen Treibens

ℹ Information

- ■ Tram 1, 2, 4, 10, 12, 13 Straßburger Platz
- ■ Tel. 03 51/445 66 00, www.grosser-garten-dresden.de
- ■ Parken: siehe S. 64

Das 147 ha umfassende Naherholungsgebiet ist der größte Park Dresdens. Spaziergänger, Jogger, Radfahrer und Inlineskater bevölkern das 39 km umfassende Wegenetz. Außerdem locken vielfältige Freizeitangebote wie Theater, Konzerte oder eine Fahrt mit der Parkeisenbahn in den Botanischen Garten oder Zoo. Im Westen schließt an den Großen Garten zudem die rund 10 ha große Bürgerwiese an. Und nördlich des Hygiene-Museums spielt nahe dem hübschen Blüherpark Dynamo Dresden im DDV-Stadion. Drei Längs- und eine Querachse durchschneiden den Großen Garten. Sie sind Überbleibsel des ursprünglichen barocken Kurfürstenparks, der im 19. Jh. zum englischen Landschaftsgarten umgestaltet und erweitert wurde. Ansonsten schlängeln sich Wege vorbei an großen Rasenflächen und durch hübsche Wäldchen. Die mittlere Längsachse, die Hauptallee, ist asphaltiert und lädt zum Spazierengehen und Skaten ein.

Plan
S. 62

Jugendliche. Etwa 150 von ihnen tun in ihrer Freizeit Dienst als Aufsicht, Schaffner, Schrankenwärter oder Fahrdienstleiter.

Erstaunlich sind auch die beiden Dampfloks von 1925: Trotz ihres hohen Alters ziehen »Moritz« und »Lisa« im Wechsel mit zwei E-Loks die Waggons vom »Hauptbahnhof« in der Lennéstraße neben der Gläsernen Manufaktur zuverlässig mit 20 km/h auf einem 5,6 km langen Rundkurs durch den Park. Die Fahrtzeit beträgt etwa eine halbe Stunde, inklusive Halt an allen fünf Stationen.

■ Tel. 03 51/445 67 95, www.parkeisen bahn-dresden.de, Sommer tgl. 10– 18 Uhr, sonst variierend, pro Station 1 €, Rundfahrt 6 €, erm. 0,50 € und 3 €. 10 % Rabatt bei Vorlage eines Tickets desselben Tages etwa von Hygiene-Museum oder Zoo

 Botanischer Garten
| Park |

Der Botanische Garten ist eine Forschungseinrichtung der Technischen Universität Dresden von internationalem Rang. In Freilandanlagen und drei Gewächshäusern der 3,25 ha großen Anlage gedeihen etwa 10 000 Pflanzenarten aus acht Klimazonen. Beson-

 Sehenswert

 Dresdner Parkeisenbahn
| Schmalspurbahn |

Auf Touren kommen bei einer Fahrt in der Parkeisenbahn

Bequem und ein großes Vergnügen ist eine Fahrt mit der Schmalspurbahn durch den ausgedehnten Großen Garten. Ursprünglich war die Dresdner Parkeisenbahn 1950 zum Abtransport des Kriegsschutts angelegt worden, bevor sie zu DDR-Zeiten als »Pionier-Eisenbahn« in Kinderhände gelegt wurde. Auch heute sind bis auf Lokomotivführer und Bahnhofsvorsteher alle Mitwirkenden Kinder oder

ADAC *Mittendrin*

4,2 bis 42 km laufen Dresdner und ihre Gäste beim **Dresden Marathon** im Oktober auf einer großen Runde durch Altstadt, Neustadt, Elbwiesen und Großen Garten. *www.dresden-marathon.de*

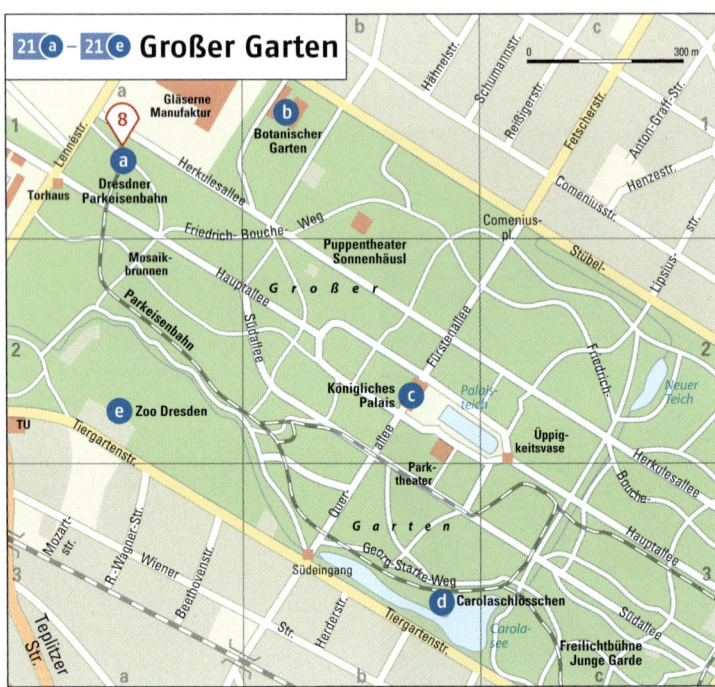

21(a) – 21(e) Großer Garten

dere klimatische Bedingungen können in Sukkulentenhaus und Großem Tropenhaus simuliert werden, Außergewöhnliches bieten auch die Abteilungen mit Nutz-, Gift-, und Arzneipflanzen. Der Star der botanischen Schau aber stammt aus Mexiko: Die Königin der Nacht entfaltet nur nachts im Juni kurz ihre Blütenpracht – meist vor den Augen eines großen Publikums.

■ Stübelallee 2, Tel. 03 51/459 31 85, www.tu-dresden.de/bot-garten, April–Sept. tgl. 8–18, Gewächshäuser ab 10, Feb. und Nov. tgl. bis 16, März und Okt. tgl. bis 17, Jan. und Dez. tgl. bis 15.30 Uhr

c Königliches Palais

| Lustschloss |

Zentral, an der Kreuzung von Haupt- und Queralle, erhebt sich das barocke Königliche Palais. Das einstige Lust-schloss ist teilweise im Originalzustand rekonstruiert. Stark ist der Kontrast innen zwischen Untergeschossen und zweitem Stock: bewusst belassene Zerstörungen des Zweiten Weltkriegs auf der einen und farbenfrohe Deckenmalereien, wertvolle Barockskulpturen und ein großer Festsaal auf der anderen Seite. Unregelmäßig finden hier Konzerte und Theater statt.

Rings um das Palais sind fünf Kaliershäuschen verstreut sowie dahinter ein Brunnen mit Wasserspielen mit der »Üppigkeitsvase« an dessen Ende. Allenthalben entzücken im Grünen weitere Skulpturen. Die sinnenfrohe Rokokogruppe von »Amor und Psyche« zum Beispiel gefiel dem preußischen König Friedrich II. bei einem Besuch so gut, dass er sich eine Kopie für sein Schloss Sanssouci anfertigen ließ.

Carolaschlösschen
| Aussicht |

Im Carolaschlösschen im Süden des Parks können Besucher Energie tanken, denn der hübsche Neorenaissance-Bau beherbergt heutzutage ein Restaurant-Café (S. 64). Von dessen Terrasse können Sie einen herrlichen Blick über den 1881 angelegten Carolasee genießen, auf dem Bötchen ihre Bahnen ziehen.

e Zoo Dresden
| Tierpark |

Im Jahr 1861 öffnete der nach einem Entwurf des Landschaftsarchitekten Peter Josef Lenné gestaltete Zoo erstmals seine Pforten. In dem viertältesten Tiergarten Deutschlands leben mittlerweile auf 13 ha rund 2000 tierische Bewohner aus allen fünf Kontinenten. Die Tierhäuser und Freigehege sind dem jeweiligen natürlichen Lebensumfeld der rund 300 Arten nachempfunden.

Im Tropenhaus mit großem Außenbereich etwa hangeln sich Primaten munter von Ast zu Ast, im Afrikahaus leben Elefanten, Mandrills und exotische Vogelarten. Ein Publikumsfavorit ist das »Hugoneum«, in dem u.a. vier bis zu 120 m lange Aldabra-Riesenschildkröten leben. Und unweit der Löwen- und Karakalanlage können Besucher in der Afrika-Savanne und im Giraffenhaus den Tieren Afrikas begegnen. Ein besonderes Erlebnis bietet der Zoo unter der Erde. Hier kann man Ratte, Rote Wegameise, Höhlengrille und Co. in ihren unterirdischen Behausungen beobachten. Bei Kindern beliebt sind auch die Abenteuerspielplätze und Streichelgehege mit Kamerunschaf und Minischweinchen.

■ Tram 9, 13 und Bus 75 Zoo
■ Tiergartenstr. 1, Tel. 03 51/47 80 60, www.zoo-dresden.de, April–Sept. tgl. 8.30–18.30, Okt., Mitte Feb.–März 8.30–17.30, Nov.–Mitte Feb. 8.30–16.30 Uhr, 12 €, erm. 8 €, Kinder (3–16 J.) 4 €

Ein beliebtes Ziel im Großen Garten ist der 13 ha große Zoo Dresden

Parken

Parkplätze in den Straßen rings um den Großen Garten, im Westen gibt es (wenige) kostenpflichtige Parkplätze am Georg-Arnhold-Bad und DDV-Stadion.

 Restaurants

€€ | **Carolaschlösschen** Grand Café, Restaurant, Galerie und Seeterrassen laden ein zu Erfrischungen, Cocktails und gutbürgerlicher, regionaler Saisonküche am schönen See im Park. ▪ Querallee 7, Tel. 0351/2506000, www.carolaschloesschen.de, Mo–Sa ab 11, So 10–18 Uhr, Plan S. 62 b3

 Kinder

Puppentheater Sonnenhäusl Vom Parkeisenbahn-Bahnhof Palaisteich ist es nicht weit zur Herkulesallee. Hier erfreuen sommers in der Freiluftanlage Sonnenhäusl seit 1955 die Puppenspieler des theater junge generation (S. 70) bis zu 350 Zuschauer. ▪ Herkulesallee 1, Tel. 0351/4291220, www.tjg-dresden.de, Plan S. 62 b1

22 Russisch-Orthodoxe Kirche

Zwiebeltürme und Ikonenmalerei stehen für ostchristliche Tradition

▪ Tram 3, 8 11 Reichenbachstraße
▪ Fritz-Löffler-Str. 19, www.orthodox-dresden.de, Mo 12–17, Di–So 10–17 Uhr

Mit ihren fünf blauen Zwiebeltürmen und dem Glockenturm mit vergoldeter Kuppel sieht die »Kirche des hl. Simeon vom wunderbaren Berge« aus wie eine altrussische Kirche des 16. Jh.

Tatsächlich wurde sie erst 1872–74 für die Mitglieder der russischen Gesandtschaft am sächsischen Hof errichtet. Das Gotteshaus mit seiner 10 m breiten Ikonenwand ist dem Asketen und Heiler Simeon aus dem syrischen Antiochien des 6. Jh. geweiht. Schnell avancierte es zur Gebetsstätte für russische Fürsten, Diplomaten und Kunstschaffende. Im Juni 1875 nahm sogar Zar Alexander II. hier an einem Gottesdienst teil. Der Schriftsteller Fjodor Dostojewski (1821–81), der einige Zeit in Dresden lebte, ließ in der Gemeinde seine Tochter Ljubow taufen. Auch der Musiker und Komponist Sergej Rachmaninow (1873–1943) wohnte einige Jahre mit seiner Familie in der Stadt. Seine ältere Tochter Irina heiratete 1924 in dieser Kirche Fürst Pjotr Wolkonskij.

23 Technische Universität Dresden

Forschung, Lehre und reichlich Geschichte auf dem Campus

▪ Tram 3 Münchner Platz; Bus 66 Mommsenstraße
▪ TU-Dresden Information, Mommsenstr. 9, Glaspavillon, Tel. 0351/4633 7044, www.tu-dresden.de

Die TU-Dresden ist die größte Hochschule Sachsens, in 124 Studiengängen sind insgesamt rund 36000 Studenten eingeschrieben (2017). Die Wurzeln der angesehenen Hochschule gehen auf die Gründung der Königlich Sächsischen Technischen Bildungsanstalt im Jahr 1828 zurück. Sie zählt zu den deutschen Eliteuniversitäten, Spitzenforschung wird hier in Bereichen wie Klinische Psychologie und Nanotech-

Markante blaue Zwiebeltürme weisen den Weg zur Russisch-Orthodoxen Kirche

nologie betrieben. Ein Wahrzeichen der Dresdner TU ist an der George-Bähr-Straße der Beyer-Bau (1913) von Martin Dülfer mit seiner markanten roten Klinkerfassade.

⬤ Sehenswert

Gedenkstätte Münchner Platz
| Ausstellung |

Ebenfalls auf dem Gelände der TU Dresden befindet sich der Georg-Schumann-Bau, in dem früher das Königlich Sächsische Landgericht tagte und Zellentrakte für Strafgefangene untergebracht waren. Heute ist in dem wuchtigen Vierflügelbau die Gedenkstätte Münchner Platz für die Opfer politischer Strafjustiz ab 1933 eingerichtet. Die Ausstellung »Verurteilt. Inhaftiert. Hingerichtet.« beleuchtet die politische Justiz von 1933–45 und

1945–57. Im einstigen Richthof steht das Bronzedenkmal »Widerstandskämpfer« (1962) von Arnd Wittig für die Opfer des NS-Regimes, eine Stele gedenkt des kommunistischen Hinrichtungsopfers Georg Schumann. Im Nordosthof erinnert die Skulptur »Namenlos – ohne Gesicht« (1995) des Dresdner Künstlers Wieland Förster an alle »zu Unrecht Verfolgten nach 1945«.
■ Münchner Platz 3, Tel. 03 51/46 33 19 90, www.stsg.de, Mo–Fr 10–16, Sa, So 10–18, Führungen Sa, So 14 Uhr, Eintritt frei

Buchmuseum
| Museum |

»Buchmuseum und Schatzkammer« heißt die Abteilung der Sächsischen Landesbibliothek – Staats- und Universitätsbibliothek Dresden, kurz SLUB, offiziell. Und in der Tat sind in dem besonders geschützten Raum auf

Schätze aus 1000 Jahren Buchkunst stellt das Buchmuseum aus

Ebene der Zentralbibliothek erlesene Stücke aus 1000 Jahren Buchkunst versammelt. Zu den kostbarsten Stücken gehört der »Codex Dresdensis« aus dem 13. Jh., eine von weltweit nur vier erhaltenen Handschriften der Maya. Sie besteht aus 39 Blättern, gefertigt aus Fasern des Feigenbaums und bemalt mit Darstellungen von Göttern, mit Hieroglyphen und Zahlzeichen. Auch eine um 1455 von Johannes Gutenberg gefertigte Bibel ist vertreten, ein Skizzenbuch mit Zeichnungen Albrecht Dürers, Vorlesungsmanuskripte von Martin Luther aus den Jahren 1513–16 sowie Autografen von Johann Sebastian Bach, Antonio Vivaldi und Richard Wagner. Den berühmten »Sachsenspiegel«, das älteste Rechtsbuch des deutschen Mittelalters, zeigt das Museum nur sechs Wochen im Jahr.

■ Tram 3, 8 Nürnberger Platz und Bus 61 Staats- und Universitätsbibliothek
■ Zellescher Weg 18, Tel. 03 51/467 75 80, www.slub-dresden.de, tgl. 10–18, öffentliche Führung Sa 14 Uhr

Bismarcksäule

| Aussichtsturm |

 Von oben sieht man über Dresdens Türme das Elbtal

Unweit südlich der TU Dresden ragt in einer kleinen Grünanlage auf der Franzenshöhe die Bismarcksäule 23 m auf. Der um das Jahr 1900 als Feuerdenkmal konzipierte, wuchtige Viereckturm dient nach einer Sanierung heute als Aussichtsturm. Das Panorama von der Plattform ist beeindruckend, bei klarer Sicht bis in die Sächsische Schweiz.

■ Moreauweg 1, www.bismarckturm-dresden.de, März–Dez. Do–So 10–18 Uhr

24 Christuskirche

Jugendstilkirche mit markantem Turmpaar in Dresdens Südosten

■ Tram 9, 13 Wasaplatz; S 1 Dresden-Strehlen
■ An der Christuskirche 1, Tel. 03 51/471 03 30, www.christuskirche-dresden.de, Ostersonntag bis Erntedank tgl. 17–18 Uhr

Das 66 m hohe Turmpaar der 1903–05 auf einer kleinen Anhöhe im Dresdner Stadtteil Strehlen errichteten Christuskirche ist schon von Weitem zu sehen. Am linken Turm ist die Uhr angebracht, den rechten ziert das alte Strehlener Wappen mit zwei gekreuzten Kornähren. Die Architekten Rudolf Schilling und Julius Graebner lösten sich bei ihren Entwürfen für die Hallenkirche aus Sandstein von den damals weithin gepflegten Bauformen des Historismus. Stattdessen nahmen sie innovative Elemente des Jugendstils auf und schufen damit den ersten modernen Sakralbau Dresdens. Nach Kriegsschäden wurde der Innenraum 1967–75 unter Berücksichtigung der Originalentwürfe neu gestaltet.

Die Inschrift am Doppelportal der Hauptfassade lautet »Jesus Christus gestern und heute und derselbe auch in Ewigkeit«. In der Vorhalle bezaubern Deckenmalereien mit einem hübschen blumengeschmückten Engel der Liebe. Im sachlichen Kircheninneren zieht im Chor der aus griechischem Marmor gefertigte Altar die Blicke auf sich. Sein mächtiges weißes Marmorkreuz wird von Skulpturen der Apostel Paulus und Johannes flankiert. Zwei Reliefs mit Szenen aus dem Neuen Testament zieren die östliche Stirnseite des Mittelschiffs. Und auch die Orgel von 1905 mit ihren 4316 Pfeifen ist erwähnenswert.

 Restaurants

€€ | Hommage Gediegene deutsche und internationale Küche in mehreren individuell gestalteten Salons und Gastzimmern in hübscher Jugendstilvilla. ■ Wasaplatz 1, Tel. 03 51/647 55 47, www.oma-opa.de, Mo–Sa ab 11.30, So ab 11 Uhr

25 Asisi Panometer

 Großes Panoramabild Dresdens im Industriedenkmal

■ Tram 1, 2 Liebstädter Straße
■ Gasanstaltstr. 8 b, Tel. 0341/355 53 40, www.panometer.de, Di–Fr 10–17, Sa, So 10–18 Uhr, 11,50 €, erm. 10 €

Südöstlich des Großen Gartens beherbergt ein Gasometer von 1880 das große Panometer. Das Kunstwort aus Panorama und Gasometer bezieht sich auf ein riesiges 360-Grad-Panoramabild, das der Berliner Architekt Yadegar Asisi, inspiriert von den Stadtansichten Canalettos in der Gemäldegalerie Alte Meister, für den Gasspeicher entwor-

ADAC *Wussten Sie schon?*

… dass die Sachsen zwar von jeher passionierte Kaffeetrinker waren, doch erst die sächsische Hausfrau **Melitta Bentz** Kaffee zum Genuss machte? 1908 verwendete sie erstmals Löschpapier als Filter für ihren Bohnenkaffee – wie der Name erkennen lässt, mit nachhaltigem Erfolg.

Beim Besuch des Asisi Panometers eröffnet sich ein Bild von Dresden im Barock

fen hatte. Das 105 m lange und 27 m hohe Rundgemälde zeigt das barocke Dresden an einem sonnigen Augustnachmittag des Jahres 1756. Der Betrachter blickt vom Turm der Hofkirche hinab auf Residenzschloss, Augustusbrücke, Brühlsche Terrasse, Frauenkirche, Kreuzkirche und Altmarkt. In den Straßen sieht man Flaneure, es herrscht das bunte Treiben eines Markttages. Die Szenerie ist akustisch mit Stimmengewirr, dem Geräusch vorbeifahrender Kutschen und Hundegebell realitätsnah untermalt.

Mittlerweile ist von etwa Januar bis April ein zweites Bild zu sehen, das ebenfalls von Asisi geschaffene Werk »Dresden 1945«. Vom Rathausturm aus öffnet sich darin der Blick auf die von den Bombenangriffen zerstörte Stadt.

26 Technische Sammlungen

Technik-, Industrie- und Filmgeschichte anschaulich präsentiert

■ Tram 4, 10 und Bus 61 Pohlandplatz
■ Junghansstr. 1–3, Tel. 03 51/488 72 72, www.tsd.de, Di–Fr 9–17, Sa, So 10–18 Uhr, 5 €, erm. 4 €, regelmäßig Führungen zu bestimmten Themen ab 1,50 €

Erbaut wurde der Gebäudekomplex mit dem 48 m hohen Turm im Stil der Neuen Sachlichkeit Anfang des 20. Jh. für den Foto- und Kinogerätehersteller Ernemann-Werke AG. Zu DDR-Zeiten stellte Pentacon hier die heute bei Sammlern begehrten Spiegelreflexkameras »Praktica« und »Exa« her.

 Restaurants

€ | Dornblüte Restaurant und Bar. Erfreulich ambitionierte Gaststätte mit kleiner feiner Speise- und ebensolcher Weinkarte. Dazu ein hübscher Biergarten. Unregelmäßig finden Chansonabende und Lesungen statt. ■ Dornblüthstr. 7, Tel. 03 51/312 50 51, www.dornbluete.de, Di–Sa 18–24 Uhr

 Cafés

Café Lino Diverse Kaffees, Kuchen, Frühstücksbagel, Panini, Eis, Crêpes und andere gute Kleinigkeiten in freundlichem Kaffeehaus. ■ Schandauer Str. 23, Tel. 03 51/21 933 955, www.cafelino.de, Mo–Fr 8.30–18, Sa 10–18, So 12–18 Uhr

 Kinder

Erlebnisland Mathematik »Mitmachen, nachdenken, staunen« heißt es im »Erlebnisland Mathematik« und »Epsilon – Erlebnisland für Kleine« der Technischen Sammlungen. Hier können Kinder und Jugendliche die spannende Welt der Zahlen spielerisch erforschen und erfassen, z.B. mit Flipper, Pendel u.v.m. ■ www.erlebnisland-mathematik.de

Seit 1993 präsentieren die Technischen Sammlungen im Ernemann-Komplex auf 3000 m² etwa 25 000 Apparate und Instrumente zur Industrie- und Technikgeschichte Sachsens. Mit dabei ist eine Sammlung früher Fotoapparate und Filmkameras, ergänzt durch die Ausstellung »Lichtbild und Dunkelkammer« zu Fotografie und Kinematografie. Weitere Ausstellungsbereiche umfassen Schreib- und Bürotechnik, Rechen- und Unterhaltungstechnik sowie »Energie in einer digitalen Welt«. Eine Besonderheit sind die rund 100 Puppen und Requisiten aus 35 Jahren Trickfilmgeschichte der DEFA, dem Filmstudio der DDR (1955–90). Besucher können die Arbeitsschritte bei der Herstellung einer Trickfigur und eines Trickfilms verfolgen.

ADAC *Spartipp*

In diesen Dresdner Museen ist Fr ab 12 bzw. 13 Uhr der **Eintritt frei**: Stadtmuseum, Städtische Galerie, Technische Sammlungen, Kügelgenhaus, Carl-Maria-von Weber-Museum und Schillerhäuschen, außerdem Kraszewski-Museum sowie Heimat- und Palitzsch-Museum Prohlis.

Am Abend

Vielfältig ist das abendliche Ausgehangebot im zentrumsnahen Vorstadtring. Je nach Lust und Laune stehen unterschiedliche Theater, Kinos, Bars und Clubs zur Auswahl. Eher studentisch geht es rings um die Technische Universität zu.

Bühne

Breschke & Schuch Anspruchsvolles Kabarett. ■ Wettiner Platz 10, Tel. 03 51/490 40 09, www.kabarett-breschke-schuch.de, Tram 1, 2, 6, 10 Bahnhof Mitte

Comödie Unterhaltsame Komödien, Musicals und Schlagerrevuen. ■ Freiberger Str. 39, Tel 03 51/86 64 10, www.comoedie-dresden.de, Tram 7, 10, 12 Freiberger Straße

Staatsoperette Dresden Operette, Musical und Oper. ■ Wettiner Platz, Kraftwerk Mitte, Tel. 03 51/320 42-222, www.staatsoperette.de, Sept.–Mitte Juli, Tram 1, 2 Schweriner Straße; Tram 1, 2, 6, 10 Bahnhof Mitte

theater junge generation Puppentheater und Schauspiel für Kinder und Jugendliche. ■ Wettiner Platz, Kraftwerk Mitte, Tel. 03 51/429 12 20, www.tjg-dresden.de, Tram 1, 2 Schweriner Straße; Tram 1, 2, 6, 10 Bahnhof Mitte

Konzerte

Freilichtbühne Junge Garde Jazz-, Pop- und Rockkonzerte im Amphitheater des Großen Gartens. ■ Großer Garten, www.junge-garde.com, Tram 1, 2, 4, 10, 12, 13 Straßburger Platz

Kneipen, Bars und Clubs

Blue Disko mit drei Dancefloors. Mi Black Music, Fr »Hits deiner Jugend« (90er, 2000er + modern), Sa Schlager. ■ Wallstr. 11, Tel. 03 51/802 00 66, www.blue-dresden.de, Mi 4 €, Fr, Sa 6 €, Tram 1, 2, 4, 11, 12 Postplatz

gisela.club Witziger Club in Etagenwohnung, DJs legen im Wohnzimmer auf. ■ Löbtauer Str. 80, Tel. 03 51/802 00 66, www.gisela.club, ab 22 Uhr, Tram 6 Wernerstraße

Wein Kultur Bar Gut besuchte Weinbar mit etwa 600 Weinen zur Wahl, dazu Suppen und Käse. Reservierung nötig. ■ Wittenberger Str. 86, Tel. 03 51/315 79 17, www.weinkulturbar.de, Di–Sa 15–23 Uhr, Tram 4, 10 Pohlandplatz

Kinos

Kino im Kasten (KiK) Programmkino im Hörsaal, ehrenamtlich von Studenten gemanagt. ■ August-Bebel-Str. 20, Tel. 03 51/463-364 63, www.kino-im-kasten.de, Tram 11 Strehlener Platz

Neues Rundkino Modernes Multiplex im Rundbau auf gewölbter Leinwand, gut für 3-D-Filme. ■ Prager Str. 6, Tel. 03 51/484 39 22, www.cineplex.de/dresden, Tram 3, 7, 8, 9, 11 Walpurgisstraße

UFA Kristallpalast Meist füllen Blockbuster die acht Säle in Dresdens größtem Kino im namengebenden Glasbau. ■ Prager Straße/St. Petersburger Str. 24 a, Tel. 03 51/482 58 25, www.ufa-dresden.de, Tram 3, 7, 8, 9, 11 Walpurgisstraße

Übernachten

Rings um die Altstadt kann man hervorragend übernachten, nah am touristischen Brennpunkt, dabei doch deutlich ruhiger und oft auch zu attraktiveren Preisen als unmittelbar im Zentrum. Neben guten Komfort- und Stadthotels finden sich insbesondere in der Wilsdruffer Vorstadt und um den Großen Garten bzw. nahe der Technischen Universität auch einige günstige Übernachtungsmöglichkeiten, nicht nur für junge Besucher der Stadt.

€

Bed & Breakfast Käubler Gediegene Pension neben der TU Dresden im historischen Wohnhaus des Malers Hofrat Paul Poetzsch. ■ Zeunerstr. 72, 01069 Dresden, Tel. 03 51/471 31 84, www.pension-kaeubler.de

DJH Jugendgästehaus Größte Jugendherberge Sachsens, nur wenige Gehminuten vom historischen Stadtzentrum entfernt. ■ Maternistr. 22, 01067 Dresden, Tel. 0351/49 26 20, www.jugendherberge.de

Kipping Privat geführtes kleineres Hotel in schmucker Gründerzeit-Villa (1884) zwischen Hauptbahnhof und Südvorstadt. Fahrradverleih für Gäste. ■ Winckelmannstr. 6, 01069 Dresden, Tel. 03 51/47 85 00, www.hotel-kipping.de

⑪ **Pension am Großen Garten** Freundliche, schöne Pension in einer ruhig gelegenen Villa am Großen Garten. Hervorragendes Frühstücksbuffet, sehr schön auch im Wintergarten. ■ Beilstr. 30, 01277 Dresden, Tel. 03 51/25 47 40, www.pension-am-grossen-garten.de

€€

art'otel Dresden Mit Werken des Künstlers A. R. Penck eingerichtetes Hotel in Zwingernähe am Altstadt-rand. ■ Ostra-Allee 33, 01067 Dresden, Tel. 03 51/492 20, www.artotels.com/dresden

Dorint Dresden Alles, was ein gutes Stadt- und Tagungshotel ausmacht. Liegt zwar nicht lauschig, aber praktisch zwischen Altstadt und Großem Garten. ■ Grunaer Str. 14, 01069 Dresden, Tel. 03 51/491 50, https://hotel-dresden.dorint.com

Elbflorenz Gepflegte Gastlichkeit in Privathotel, ansprechende Zimmer, zur Gartenterrasse hin besonders ruhig, WLAN kostenlos. ■ Rosenstr. 36, 01067 Dresden, Tel. 03 51/864 05 00, www.hotel-elbflorenz.de

Holiday Inn Dresden Am Zwinger Ausreichende Zimmer in freundlichem Stadthotel, architektonisch mit charmantem 60er-Jahre Chic. ■ Ostra-Allee 25, Tel. 03 51/484 22 60, www.hihoteldresden.com

€€€

Maritim Großes Hotel mit allem erdenklichen Komfort im denkmalgeschützten Erlweinspeicher bei der Marienbrücke, direkt am Elbufer und gleich neben dem Sächsischen Landtag. Kongresszentrum im Haus. ■ Ostra-Ufer 2/Devrientstr. 10–12, 01067 Dresden, Tel. 03 51/21 60, www.maritim.de

Neustadt und der Norden – Historisches neu belebt

Dresden wie es leibt und lebt, samt Goldenem Reiter und Gartenstadt, Fest der Bunten Republik Neustadt und Erich Kästner

Vier Brücken über die Elbe verbinden die Altstadt von Dresden mit der gegenüber am rechten Flussufer liegenden Neustadt. Auch dieses Viertel präsentiert sich baulich in weiten Teilen barock. Eigentlich standen hier ja die ersten Gebäude von Dresden überhaupt, daher hieß das Viertel ursprünglich auch Altendresden. Aber nach dem verheerenden Stadtbrand von 1685 wurde es nach dem Wiederaufbau zur Neuen Königlichen Stadt aufgewertet, später kurz Neustadt genannt.

Die kurze Fahrt über Marien- oder Albertbrücke bzw. innerstädtisch der Spaziergang über Augustus- oder Carolabrücke führt von Süden her zunächst in die Innere Neustadt. Hier empfängt die Besucher der »Goldene Reiter«, es warten historische und moderne Sehenswürdigkeiten, angefangen vom Japanischen Palais über die Dreikönigskirche bis zum Erich Kästner Museum.

Auch am rechten Elbeufer umgeben Vorstädte und traditionelle Arbeiterviertel in losem Halbring das zentrale Viertel am Fluss. Entlang der Elbe sind dies die Leipziger Vorstadt mit Hechtviertel im Westen und die Radeberger Vorstadt im Osten, wo der originell gefliese Milchladen Pfunds Molkerei einen Besuch lohnt. Dazwischen erstreckt sich die gründerzeitlich geprägte Äußere Altstadt. Vor allem die Straßen nordöstlich des zentralen Albertplatzes gelten als Dresdens Ausgehviertel schlechthin, quirliger Treffpunkt von Akademikern, Arbeitern, Studenten und Touristen.

In diesem Kapitel:

ADAC Top Tipps:

 Äußere Neustadt
| Stadtviertel |
Buntes Szeneviertel und Feiermeile
mit originellen Geschäften, Theater-
bühnen, Veranstaltungsräumen, Kneipen, Cafés und Restaurants. 84

ADAC Empfehlungen:

 Dreikönigskirche
| Ausblick |
Von der Aussichtsplattform in 45 m
Höhe bietet sich ein herrliches Pano-
rama von Neu- und Altstadt. 77

 Canaletto-Blick
| Stadtansicht |
Dresden wie vom kurfürstlichen Hof-
maler des 18. Jh. gemalt, doch dieser
Anblick ist das Original. 79

 Daniel
| Restaurant |
Moderne heimische Küche in heimeli-
gem Gewölberestaurant. 79

 Geldschneiderei
| Schmuckmanufaktur |
Mit Geduld und Geschick sägen und
schneiden Handwerker aus Münzen
originellen Schmuck. 86

 Festspielhaus Hellerau
| Kulturzentrum |
Tanz trifft Theater, avantgardistische
Arbeiterbühne mit Tradition in der
ersten deutschen Gartenstadt. 88

Pfunds Molkerei
| Historisches Ladengeschäft |
Dank Kachelpracht außergewöhnliches Ambiente eines früher ganz
schlichten Milchladens. 88

27 Augustusbrücke

Dresdens wohl berühmteste, sicher aber erste autofreie Elbbrücke

■ Tram 4, 11 Theaterplatz oder Tram 9 Neustädter Markt

Die Augustusbrücke verbindet die Dresdner Alt- und Neustadt über die Elbe. Eine erste Steinbrücke ist bereits 1275 verbürgt, unter August dem Starken erhielt Baumeister Matthäus Daniel Pöppelmann den Auftrag für einen repräsentativen Neubau nach dem Vorbild der Prager Karlsbrücke. Dieses imposante, 1731 vollendete Bauwerk war 402 m lang und besaß 17 Bögen auf 18 Pfeilern. Die standen jedoch zu eng, als zu Beginn des 20. Jh. der Schiffsverkehr erheblich zugenommen hatte. Deshalb verringerte man damals unter Beibehaltung der originalen Brückenanmutung die Zahl der Pfeiler auf neun. Erhalten geblieben ist der Schlussstein des Landpfeilers auf der altstädtischen Seite. Dieses sogenannte »Brückenmännchen« gehörte zu den fünf Wahrzeichen Dresdens, die Handwerksgesellen früher

ADAC *Mobil*

Im April 2017 begann mit einer Auto-, Bus- und Straßenbahnsperre die nötige **Sanierung der Augustusbrücke**. Die Arbeiten sollen bis 2019 dauern, Fußgänger und Radfahrer dürfen die Brücke weiterhin überqueren. Für Autos allerdings soll sie auch nach der Sanierung geschlossen bleiben, lediglich Straßenbahnen, Taxis, Busse und Einsatzfahrzeuge sind dann wieder zugelassen.

als Nachweis, dass sie Dresden besucht hatten, in ihrem Wanderbuch vermerken mussten.

Im Scheitelpunkt der Brücke zieht seit 2006 die Skulptur »Die Woge« von Tobias Stengel die Blicke auf sich. Als Reminiszenz an den berühmten Holzschnitt »Die große Welle vor Kanagawa« des japanischen Künstlers Katsushika Hokusai symbolisiert das Monument aus acht Edelstahlplatten die Urgewalt des Wassers, in Gedenken an das Jahrhunderthochwasser der Elbe von 2002.

28 Neustädter Markt

Über den »ersten Platz« der Neustadt wacht der »Goldene Reiter«

■ Tram 9 Neustädter Markt

Wer über die Augustusbrücke die Neustadt betritt, erblickt zunächst das sandsteinverkleidete, würfelförmige »Blockhaus« in einer Mischung aus Dresdner Barock und Frühklassizismus. Es diente in den 1730er-Jahren als Neustädter Wache und war das Pendant zur Altstädter Wache am anderen Ufer, heute beherbergt es Büros der Stadtverwaltung.

Jenseits der Großen Meißner Straße erstreckt sich der Neustädter Markt. In der Platzmitte thront unübersehbar August der Starke als »Goldener Reiter« (1732–34), ein Denkmal von wahrhaft strahlender Erscheinung, denn seine Kupferhülle ist üppig vergoldet. Das auf seinen Hinterhufen tänzelnde, zum Sprung ansetzende Pferd und den stolz aufgerichteten Reiter eint ihre energiegeladene Eleganz. Der kunstsinnige Kurfürst trägt Schuppenpanzer und Sandalen wie ein Im-

Als »Goldener Reiter« strahlt August der Starke über den Neustädter Markt

perator im antiken Rom. Die feierliche Enthüllung des »Goldenen Reiters« 1736 fand schon ohne August den Starken statt, denn dieser war im Jahr 1733 verstorben.

Auch vier Brunnen schmücken heute den im Krieg vollständig zerstörten Platz. Zwischen den beiden modernen Brunnen an der Ost- und Westseite stehen die beiden Nymphenbrunnen (um 1740) mit Personifizierungen der Flüsse Elbe und Weichsel.

An der Einmündung zur Hauptstraße stehen zwei beeindruckende, 25 m hohe bronzene Prunkfahnenmasten, gestaltet nach Vorbildern auf dem Markusplatz in Venedig. Sie wurden zum Gedenken an einen Besuch Kaiser Wilhelms I. 1882 in Dresden im Jahr 1893 eingeweiht.

29 Hauptstraße

Erschließt das Viertel für Kauflustige, Kunstfreunde und Kirchgänger

■ Tram 9 Neustädter Markt; Tram 3, 6, 7, 8, 11 Albertplatz

ADAC *Wussten Sie schon?*

Bei der Restaurierung des »Goldenen Reiters« im Jahr 1956 genügten **187 g Blattgold**, um die gesamte Oberfläche neu in das edle Material zu hüllen.

Die Hauptstraße ist eine von Geschäften und Cafés gesäumte Fußgängerzone zwischen Neustädter Markt und Albertplatz. Die Straße verjüngt sich allmählich, und durch diese perspektivische Verkürzung wirkt sie erheblich länger, als sie tatsächlich ist. Früher

Mehr als ein Dutzend Geschäfte auf zwei Etagen beherbergt die Markthalle

war sie die Hauptverkehrsstraße der Inneren Neustadt, heute laden zwischen alten Platanen Grünflächen mit Skulpturen, Brunnen und Bänken zum Entspannen ein.

Vom historischen Baubestand ist nicht viel erhalten, wenngleich immer wieder einige architektonische Reminiszenzen Aufmerksamkeit erregen. Neben dem Kügelgenhaus und den Handwerkerpassagen zählt dazu sicher die Dreikönigskirche.

In dem Quartier zwischen Dreikönigskirche, Hauptstraße und der 1731 zwischen Albertplatz und Japanischem Palais angelegten Königstraße sind viele sehenswerte Barockbauten erhalten. In diesem schmucken Viertel mit schmalen Gassen und lauschigen Innenhöfen findet man Galerien und Boutiquen, Ateliers und Antiquitätenläden, Restaurants und Cafés und kann bei einem Bummel auch die etablierte Kunstszene Dresdens auf sich wirken lassen.

 Sehenswert

Kügelgenhaus
| Museum |

Am südlichen Beginn hat auf der Westseite der Hauptstraße eine Reihe von sechs barocken Bürgerpalais überdauert, ihr repräsentativstes ist das spätbarocke Kügelgenhaus. Wegen des unterhalb der Traufe angebrachten, vergoldeten Spruches »An Gottes Segen ist alles gelegen« heißt das Gebäude auch »Gottessegenhaus«. Zu Beginn des 19. Jh. wohnte hier der Maler Gerhard von Kügelgen, seine Wohnung war Treffpunkt von Kunstschaffenden der Romantik wie Caspar David Friedrich, Ludwig Tieck und Carl Maria von Weber. Das heute hier ansässige kleine Museum der Dresdner Romantik lässt jene Epoche wieder lebendig werden. Zu sehen sind Gemälde, Gegenstände der bürgerlichen Wohnkultur und das originalgetreu rekonstruierte Atelier Gerhard von Kügelgens.

■ Hauptstr. 13, Tel. 03 51/804 47 60, www.museen-dresden.de, Mi–So 10–18 Uhr, 4 €, erm. 3 €

Markthalle

| Architektur |

Ein Stückchen weiter auf der östlichen Seite der Hauptstraße fasste die Markthalle bei ihrer Eröffnung 1899 nicht weniger als 229 Stände. Nach Kriegsschäden und umfangreicher Sanierung bieten in der nun deutlich kleineren Markthalle noch 16 Geschäfte auf zwei Etagen Schönes, Nützliches und Lebensmittel an. Die helle weite Halle ist aber schon für sich den Besuch wert.
■ Hauptstraße/Metzer Str. 1, www.markthalle-dresden.de, Mo–Sa 8–20 Uhr

Dreikönigskirche

| Ausblick |

 Barocke Kirche mit Kunst, Musik und toller Aussichtsplattform

1739 war die barocke Dreikönigskirche aus Sandstein nach Plänen von Matthäus Daniel Pöppelmann und George Bähr vollendet. Mit einem Turm konnte sie sich noch nicht schmücken, der kam erst gute 100 Jahre später hinzu. Beim Wiederaufbau ab 1977 wurde im Gegensatz zur äußerlich originalgetreuen Rekonstruktion der Innenraum völlig neu gestaltet und 1990 als »Haus der Kirche Dresden« eingeweiht. Als solches wird die Dreikönigskirche heute mehrfach genutzt, für Seminare, Tagungen und Ausstellungen, der Kirchenraum selbst für Gottesdienste und Konzerte. Letztere werden auch von Nicht-Gläubigen gern besucht, da sich das Programm keinesfalls auf geistliche und klassische Musik beschränkt (S. 90).

Künstlerischer Glanzpunkt der Kirche ist der mehr als 12 m lange und 1,20 m hohe Renaissancefries »Der Totentanz« unter der Orgelempore. Auf dem eigentlich für das Residenzschloss vorgesehenen Reliefband von 1535 begleitet der Tod Vertreter der unterschiedlichen Stände – Geistliche, Repräsentanten der weltlichen Macht, Ratsherren, Bürger und Bauern, die Frauen von der Äbtissin bis zur Magd, Wucherer und Bettler. Sie alle sind vor dem »Sensenmann« gleich.

Die Aussichtsplattform des insgesamt fast 88 m hohen Kirchturms in 45 m Höhe bietet ein bezauberndes Dresden-Panorama über Neustadt, Altstadt und bei guter Sicht sogar bis zu den Weinbergen Radebeuls sowie bis zum Elbsandsteingebirge.
■ Hauptstr. 23, Tel. 03 51/812 41 02, www.hdk-dkk.de, Mo–Fr 10–18, Sa 11–16, So Gottesdienst 10 Uhr, Kirchturm März–Okt. Di 11.30–16.30 Uhr, 3 €, erm. 2 €

 Restaurants

€ | **Winzerstube Zum Rebstock** Weinrestaurant in einem Barockhof, solide deutsche Küche zu sächsischen, Pfälzer oder Nahe-Weinen. ■ Hauptstr. 17, Tel. 03 51/563 35 44, www.winzerstube-zum-rebstock.de, tgl. 11.30–23.30 Uhr

€€ | **L'Art de Vie** Wochenendbrunch, Businesslunch, kreative Snacks und Speisen. ■ An der Dreikönigskirche 1A, Tel. 03 51/802 73 00, www.l-art-de-vie.de, Mi–Fr 9–22.30, Sa 10–24, So 10–23 Uhr

 Einkaufen

Kunsthandwerkerpassagen In den Arkaden-Innenhöfen der Barockhäuser um das Kügelgenhaus laden mehrere Kunsthandwerksbetriebe und originelle Läden zum Bummeln ein.
■ Hauptstr. 9–19, www.barockviertel.de

30 Japanisches Palais

Akademische Begegnungen mit
Mensch und Tier aus fernen Ländern

■ Tram 9 Palaisplatz
■ Palaisplatz 11

In dem Landhaus am Neustädter Elbufer brachte August der Starke zunächst Teile seiner Porzellansammlung unter. Eine Erweiterung im 18. Jh. am Übergang von Barock zu Klassizismus schuf den heutigen vierflügeligen Komplex.

Der Name rührt daher, dass damals, der Mode der Zeit entsprechend, stilistische Bezüge zu China und Japan eingefügt wurden. So erinnern die konkav geschwungenen Dächer an den vier Ecken an japanische Pavillons, und im Innenhof scheinen zwei Dutzend asiatische Hermenfiguren den oberen Arkadengang zu tragen. An der Außenfassade zeigt das Halbrelief am Dreiecksgiebel zur Stadt hin eine thronende Saxonia, der Allegorien der porzellanherstellenden Völker Asiens und Europas huldigen. Die Entwürfe für die Innenausmalung des Erdgeschosses ab 1834 im Stil pompejianischer Wandmalerei lieferte Gottfried Semper.

 Sehenswert

Senckenberg Naturhistorische Sammlungen

| Museum |

Heute bildet das Japanische Palais den Rahmen für Sonderausstellungen der Staatlichen Kunstsammlungen Dresden und für Schauen aus Beständen der zu den Senckenberg-Sammlungen gehörenden Museen für Tierkunde sowie für Mineralogie und Geologie. Die Themen sind spannend und vielfältig, eine Ausstellung heißt zum Beispiel »Sex und Evolution«.

■ Japanisches Palais, Tel. 03 51/79 58 41 44 08, www.senckenberg.de, Di–So 10–18 Uhr, 4 €, erm. 2 €

Museum für Völkerkunde

| Museum |

Unter demselben Dach befindet sich das Museum für Völkerkunde, eines der ältesten und mit mehr als 90 000, teils einzigartigen Exponaten aus allen Erdteilen auch bedeutendes in Europa. Ein Schwerpunkt liegt auf Kunst und Kultur Polynesiens und der Palau-Inseln. Ebenfalls international bekannt ist das Damaskuszimmer (1810), das 1899 seinen Weg nach Dresden

Fernöstliche Elemente schmücken das Japanische Palais aus dem 18. Jh.

fand. Allerdings werden die prachtvollen Decken- und Wandvertäfelungen eines Damaszener Empfangsraumes derzeit noch restauriert. Das Zimmer ist deswegen bis auf Weiteres nur sehr begrenzt in der Restaurierungswerkstatt zu sehen.

■ Japanisches Palais, Tel. 03 51/49 14 20 00, www.skd.museum, Di–So 10–18 Uhr, Eintritt frei

Canaletto-Blick
| Stadtansicht |

⑬ *Bester Standort, um den berühmten Blick über die Elbe zu genießen*
Vom Barockgarten des Japanischen Palais und von der Elbpromenade davor bietet sich der berühmte herrliche Canaletto-Blick. Die wohl bekannteste Vedute Dresdens in der Gemäldegalerie Alte Meister (S. 21) zeigt genau dieses Panorama: die Augustusbrücke und die romantische Silhouette der Elbmetropole mit den Kuppeln der Kunsthochschule und der Frauenkirche sowie mit den Türmen von Residenzschloss und Kathedrale.

🍴 Restaurants

⑭ **€€–€€€ | Daniel** Frische Küche, vorzugsweise regional mit internationalen Impulsen, z.B. Rinder-Entrecôte mit Rotweinbutter und Rote-Bete-Knautschis. Eine Reservierung ist in dem mit leichter Hand umgebauten Gewölberestaurant ratsam. ■ Hotel Martha, Nieritzstr. 11, Tel. 03 51/81 19 75 75, www.restaurant-daniel.de, Di–Sa ab 17 Uhr

Im Blickpunkt

Canaletto in Dresden

Im Jahr 1747 kam der venezianische Maler Bernardo Bellotto (1721–80), »Canaletto« mit Künstlernamen, nach Dresden. Bekannt war er insbesondere für seine Veduten, wirklichkeitsgetreue Abbildungen von Städten und Landschaften. Auch als Hofmaler Kurfürst Friedrich Augusts II. schuf er mithilfe einer Camera obscura solche Stadtansichten von Dresden und Pirna. 36 dieser Veduten sind heute in der Gemäldegalerie Alte Meister versammelt (S. 21). Viele Dresdenbesucher vergleichen Canalettos »Dresden vom rechten Elbufer unterhalb der Augustusbrücke« mit der tatsächlichen Stadtansicht – und sind verblüfft, wie sehr sich die im 18. Jh. gemalte Kopie und die realurbane Wirklichkeit (heute wieder) gleichen.

31 Museum für Sächsische Volkskunst

Kunsthandwerk und Puppen in einem Renaissancebau am Elbufer

■ Tram 9 Neustädter Markt; Tram 3, 7, 8, 9 Carolaplatz
■ Köpckestr. 1, Tel. 03 51/49 14 20 00, www.skd.museum, Di–So 10–18 Uhr, 5 €, erm. 4 €

Im lang gestreckten Renaissancebau des Jägerhofs bietet das 1897 gegründete Museum für Sächsische Volkskunst einen abwechslungsreichen Einblick in sächsisches Kunsthandwerk und Brauchtum. Zu bestaunen sind Schnitzereien, Lichterpyramiden und Klöppelkunst aus dem Erzgebirge, Trachten hiesiger Sorben, Webereien aus der Lausitz, bemalte Bauernmöbel, Keramik und Spielzeug.

Zur Weihnachts- und Osterzeit lassen Schauvorführungen die Festtraditionen und das alte Handwerk wieder lebendig werden. Dann können Besucher Kunsthandwerker beim Schnitzen, Klöppeln oder Spinnen beobachten und sich auch selbst in den alten Techniken versuchen.

 Kinder

Puppentheatersammlung im Sächsischen Museum für Volkskunst Im Obergeschoss wartet eine der umfangreichsten Puppentheatersammlungen der Welt. Darunter befinden sich Handpuppen aus dem 18. Jh., mechanische aus dem 19. Jh., Marionetten, Figuren aus den Bauhaus-Werkstätten und moderne Theaterpuppen. Wenn die Puppen bei Vorführungen zum Leben erwachen, ist der Andrang vor allem von kleinen Zuschauern ganz groß (Programm auf der Website).

32 Königsufer

Elbspaziergänge und Freiluftkonzerte für alle mitten in der Stadt

■ Tram 3, 7, 8, 9 Carolaplatz

Vis-à-vis des Jägerhofs erhebt sich zwischen Köpckestraße und dem Königsufer der Elbe seit Ende des 19. Jh. der große Komplex des Finanzministeriums. Im großen Giebelbild aus Majolikafliesen ist Saxonia abgebildet, die

Saxonia wacht im Giebelbild am Finanzministerium über Ein- und Ausgaben

weibliche Symbolfigur des Freistaates Sachsen, umringt von Jäger, Bergmann und Göttin Fortuna mit Füllhorn als Personifikationen von Produktivität und Wohlstand auf der einen Seite; die Figuren auf der anderen Seite stehen für Staatshaushalt, Baugewerbe und Verkehrswesen.

Zur Elbe hin sind dem Ministerium eine breite Freitreppe und ein Platz vorgelagert, die gemeinsam als Freilufttheater fungieren. Vor allem während der Filmnächte im Sommer (S. 90) finden sich hier regelmäßig mehrere Tausend Zuschauer ein.

Nur wenige Schritte elbaufwärts entstand 1900–04 als Pendant zum Finanzministerium der neobarocke Bau der Sächsischen Staatskanzlei. Seit der Wiedervereinigung prangt auf dem Dach wieder eine vergoldete Krone, darunter befinden sich die Büros des Ministerpräsidenten sowie das Ministerium für Umwelt und Landwirtschaft. An der Brüstung des benachbarten Staudengartens zielt beim Elbufer der in Bronze gegossene Bogenschütze von Ernst-Moritz Geyger seit 1902 mit seinem Pfeil über den Strom. Die Plastik ist der Zweitguss einer für den Schlosspark von Sanssouci in Potsdam gefertigten Figur.

`33` Albertplatz

Lebendige Nahtstelle zwischen Innerer und Äußerer Neustadt

■ Tram 3, 6, 7, 8, 11 Albertplatz

Der große runde Albertplatz, benannt nach König Albert I. von Sachsen, markiert das nördliche Ende der Hauptstraße und gleichzeitig die Nahtstelle

Der Alltag von einst wird im Museum Welt der DDR noch einmal lebendig

zwischen der Inneren und Äußeren Neustadt. Insgesamt zehn Straßen gehen von hier sternförmig in alle Richtungen. Geprägt wird der Platz überwiegend von moderner Architektur und von Grünanlagen mit Brunnen und Denkmälern. In der Platzmitte schäumt beispielsweise kraftvoll das Wasser zweier Brunnen (19. Jh.): westlich »Stürmische Wogen«, östlich das Pendant »Stille Wasser«. Um den Fuß der Brunnenschalen scharen sich romantisch bis furios gestimmte Wasserwesen, Tritonen und Najaden, Kraken und Schildkröten.

ADAC *Mittendrin*

»Führt euch auf!« heißt die **Bürgerbühne** am Staatsschauspiel Dresden, bei der Dresdner Laien mitspielen. Toll auch für Gäste, die Dresdner live erleben wollen. *Kleines Haus, Glacisstr. 28 (nahe Albertbrücke), www.staatsschauspiel-dresden.de/buergerbuehne*

An der Ostseite des Albertplatzes fällt an der Ecke zur Georgenstraße die neobarocke Villa Eschebach von 1901 auf. Die einstige Fabrikantenvilla mit rundgiebelbekröntem Mittelrisalit ist heute Sitz der Dresdner Volksbank. In ihren Räumlichkeiten finden immer wieder sehenswerte Ausstellungen Dresdner Künstler statt.

An der Nordseite des Platzes, noch bevor jenseits der Anton-/Bautzner Straße ein sehr schmuckes Gründerzeitviertel beginnt, erinnert ein bronzener Bücherstapel mit Hut an den großen Schriftsteller Erich Kästner, der hier ganz in der Nähe aufwuchs (S. 83). Markanter Blickpunkt auf der anderen Seite der Königsbrücker Straße ist das erste Hochhaus Dresdens. Es steht unter Denkmalschutz, denn seine elf Stockwerke wurden 1929 erstmals in der neuen Stahlträgerbauweise errichtet. Die Dresdner nennen es nach wie vor DVB-Hochhaus, weil hier bis Mitte der 1990er-Jahre die Dresdner Verkehrsbetriebe ihren Sitz hatten.

Sehenswert

Die Welt der DDR

| Museum |

Seit Kurzem können Besucher im Nebengebäude des historischen Hochhauses die Welt der DDR erkunden. In mehreren Themeninseln von »Kindergarten« bis »Freizeit« kann man das damalige Alltagsleben wieder- oder neu entdecken. Begleitveranstaltungen wie Kabarett oder eine Autoschau ergänzen die Ausstellung.

■ Antonstr. 2a, Tel. 03 51/56 34 08 88, www.weltderddr.de, tgl. 9.30–18 Uhr, Mo 6 €, sonst 9 €, erm. 7 €

Erich Kästner Museum

| Museum |

Die Bronzefigur des jugendlichen Erich Kästner sitzt auf der Mauer der Villa Augustin, sieht hinüber auf den Albertplatz und hört dem Quietschen der Straßenbahn zu. So jedenfalls hatte es der in Dresden geborene Kinderbuchautor und Satiriker Erich Kästner (1899–1974) in seinen Erinnerungen »Als ich ein kleiner Junge war« anschaulich beschrieben.

Die Villa, in der einst Erichs Onkel wohnte, beherbergt heute das Erich Kästner Museum, ein interaktives »mobiles Micromuseum« mit 13 Modulen. Kleine Schatzkisten und verschiedenfarbige Schubladen bergen Hunderte von Informationen und Exponaten, die jeweils einen anderen Aspekt aus dem Leben und Werk Erich Kästners beleuchten. Eine kleine Bibliothek mit 300 Bänden lädt zum Stöbern ein. Das Projekt »Museum ohne Wände – Erich Kästner Viertel« ver-

Im Blickpunkt

Erich Kästner – Herz auf Taille

Um die Ecke vom heutigen Erich Kästner Museum kam der spätere Autor und Georg-Büchner-Preisträger in der Königsbrücker Str. 66 im Jahr 1899 zur Welt. Der Vater war Sattlermeister, die Mutter Friseurin, Emil Erich ihr einziges Kind. Kindheit und Jugend verbrachte Erich Kästner in Dresden, nach dem Militärdienst im Ersten Weltkrieg studierte er in Leipzig Germanistik, Theaterwissenschaften, Philosophie und Geschichte. Schon damals arbeitete er als Journalist und Theaterkritiker. 1927 zog er nach Berlin um, wo seine Kinderbücher »Emil und die Detektive«, »Pünktchen und Anton« und »Das fliegende Klassenzimmer« entstanden. Von den Nationalsozialisten wurde der Antimilitarist Kästner zwei Mal verhaftet, schließlich erhielt er Schreib- und Veröffentlichungsverbot. Nach dem Zweiten Weltkrieg zog Kästner nach München. Hier entstanden weitere Erfolgsbücher wie »Das doppelte Lottchen«, die »Konferenz der Tiere« und »Als ich ein kleiner Junge war«. Bei seinem Tod 1974 kannte man Kästner vor allem als Autor witzig-hintergründiger Kinderbücher, doch hatte er weitaus mehr geschrieben, Artikel, Essays, Romane, Gedichte, Drehbücher. Sein literarisches Werk zeichnet sich durch viele Bezüge zum eigenen Leben aus, vor allem die Dresdner Kinder- und Jugendzeit wird in Schauplätzen, Szenen und Figuren seiner Bücher immer wieder gegenwärtig.

sieht bei einem »Rundgang durch den Kästner-Kiez« über Ansteuerung mittels Smartphone und eines QR-Codes Orte wie den Friseursalon Haargenau oder die Bäckerei Rißmann mit literarischen Anmerkungen.

■ Antonstr. 1, Tel. 03 51/804 50 86, www.erich-kaestner-museum.de, www.erich-kaestner-viertel.de, So–Mi, Fr 10–18 Uhr, 5 €, erm. 3 €

34 Äußere Neustadt

 Künstler- und Szeneviertel, immer gut für einen schönen Abend

■ Tram 3, 6, 7, 8, 11 Albertplatz; Tram 13 Görlitzer Straße

Nordöstlich des Albertplatzes schließt sich in der Äußeren Neustadt eines der größten zusammenhängenden Gründerzeitviertel Deutschlands an. Lose begrenzt wird das Quartier durch die Louisen-, Alaun- und Pulsnitzer Straße.

ADAC *Mittendrin*

Selbstverständnis und Lebensgefühl der Dresdner Neustädter manifestieren sich alljährlich am dritten Juniwochenende im **BRN**, dem aus einer interessanten, aber kurzlebigen politischen Bewegung der Nachwendezeit hervorgegangenen Stadtteilfest der Bunten Republik Neustadt. Dann feiern auf den Straßen Kunst und Kultur, Alternative und Zukunftsforscher, Politaktivisten und Privatiers bei Musik und ohne Sperrstunde fröhliche Urstände. Jeder ist eingeladen, teilzuhaben und mitzumachen.
www.brn-dresden.de

Das nahezu geschlossene, nach 1870 entstandene Architekturensemble mit seinen drei- bis viergeschossigen Wohnhäusern und lauschigen Hinterhöfen blieb von den Bombardements 1945 wie durch ein Wunder weitgehend verschont.

Heute hat sich in dem Viertel eine florierende, bunt gemischte Nischenkultur der alternativen Szene etabliert. Galerien, Kleinkunstbühnen, Ateliers, Cafés und Kneipen mit unkonventionellem Touch bestimmen das Bild. Die Kunsthofpassage zwischen Alaunstraße und Görlitzer Straße zum Beispiel überrascht mit poppig gestalteten Fassaden, kleinen Gassen und Höfen, originellen Läden und interessanten Werkstätten.

Weiter nördlich öffnet sich der weiträumige Alaunplatz, der einstmals Exerzierfeld für die sächsischen Infanterieregimenter war. Heute bieten seine großen Rasenflächen eine friedliche Atmosphäre und viel Platz zum Entspannen.

Restaurants

€ | Planwirtschaft Sonntags leckeres Frühstücksbuffet, auch sonst lohnen Gastgarten und Kellerlokal den Besuch. ■ Louisenstr. 20, Tel. 03 51/801 31 87, www.planwirtschaft-dresden.de, tgl. ab 7.30 Uhr, Küche Mo–Do 11–23, Sa 15–23, So 15–22 Uhr

€–€€ | Codo Gute vietnamesische Küche gleich am Albertplatz, aus beiden Gründen oft sehr voll. ■ Alaunstr. 1, Tel. 03 51/27 55 31 78, www.codo-deli.de, So–Do 11–23, Fr, Sa 11–24 Uhr

Alternative Szene , kleine Läden, Werkstätten und versteckte Lokale prägen die Äußere Neustadt

Spektakulär fügt sich der Neubau in das Militärhistorische Museum der Bundeswehr

Cafés

Blumenau Café-Bar mit Restaurant, das Richtige für Kaffee, Cocktails und kreatives Chili. ■ Louisenstr. 67, Tel. 03 51/802 65 02, www.cafe-blumenau.de
Wohnzimmer Café, Bar, Club in mehreren (Wohn-)Zimmern, lässig eingerichtet. Do Frauenabend (erm. Drinks), unregelmäßig sonntags Matinée (ab 17 Uhr) mit Livemusik und freiem Eintritt. ■ Jordanstr. 27, Tel. 03 51/563 59 56, www.wohnzimmer-dresden.de, Mo–Fr ab 14.30, Sa, So ab 13 bis ca. 3 Uhr

Einkaufen

 Geldschneiderei Mit ruhiger Hand sägen Thomas und Ivan Motive aus Münzen aus, den Adler des deutschen Euro etwa oder das Konterfei der Queen aus einem kanadischen Dollar. Im Laden wird auch die Neustadtmark mit Micky Maus im Hanfkranz geprägt, die Währung der Bunten Republik Neustadt (S. 84). ■ Kunstgalerie, Alaunstr. 29, Tel. 01 52/21 77 44 85

35 Garnisonskirche

Vereint im Glauben – erbaut für evangelische und katholische Soldaten

■ Tram 7, 8 Stauffenbergallee
■ Stauffenbergallee 9 h, Tel. 03 51/563 40 30, www.st-franziskus-xaverius-dresden.de

In der Albertstadt waren einst große Teile der sächsischen Armee in riesigen Kasernen stationiert. 1895–1900 wurde eigens eine Simultankirche errichtet, in der im östlichen Langhaus katholische, im Querhaus evangelische Soldaten an ihren Gottesdiensten teilnehmen konnten. Das imposante Gotteshaus gilt als gutes Beispiel für den Historismus. Über dem vielgliedrigen Baukörper aus Sandstein mit seinen Kapellen, Türmchen und eleganten Steildächern ragt der 90 m hohe Kirchturm auf, bekrönt von einer vergoldeten Turmkugel und einem Kreuz. Der katholische Kirchenraum wurde in den 1970er-Jahren umgestaltet, die Ausmalung ist jedoch originalgetreu erhalten und restauriert. Der Hauptaltar besteht aus Cottaer Sandstein, das Altarbild zeigt Christus als Weltenrichter. Der evangelische Teil wird nicht mehr sakral genutzt, er dient den Staatlichen Kunstsammlungen als Depot.

36 Militärhistorisches Museum der Bundeswehr

Architektur und Inhalt präsentieren Militärgeschichte erfrischend neu

■ Tram 7, 8 Stauffenbergallee
■ Olbrichtplatz 2, Tel. 03 51/823 28 03, www.mhmbw.de, Mo 10–21, Do–Di 10–18 Uhr

Die Geschütze und Handfeuerwaffen, Säbel und Bajonette der sächsischen Armee wurden früher im Arsenal gelagert. Es war das Zentrum der Albertstadt, einer Ansammlung von Kasernen und Artilleriewerkstätten, die ab 1873 im Norden Dresdens angelegt worden war. Durch den massigen, klassisch gegliederten historischen Bauriegel des Arsenals schiebt sich heute ein mächtiger Keil mit moderner, transparenter Fassade. Der schnittige Neubau stammt von dem amerikanischen Stararchitekten Daniel Libeskind.

Nun bietet die rundum neu konzipierte Ausstellung auf beeindruckenden 20 000 m² Ausstellungsfläche in zwei großen Bereichen ganz unterschiedliche Zugänge zur Militärgeschichte. Im Neubau werden in Themenparcours Exponate nach inhaltlichen Schwerpunkten in größere Sinnzusammenhänge gestellt. Themen sind z. B. »Krieg und Gedächtnis«, »Leiden am Krieg« oder »Tiere und Militär«. Im Altbau dagegen führt ein Rundgang chronologisch durch die Militärgeschichte, vom 14. Jh. bis in die Gegenwart. Im Mittelpunkt steht jeweils der einzelne Mensch, der als Akteur und als Opfer von Gewalt betrachtet wird.

Zur Sammlung gehören eine Vielzahl von Waffen und Großtechnik, Uniformen und Orden, aber auch Manuskripte für Ansprachen, Kunstwerke zum Thema und allerlei Objekte aus einer bis heute kriegerisch geprägten Alltagskultur, darunter martialisches Spielzeug oder Plakate einschlägiger Kriegsfilme.

37 Hellerau

Bauliches Zeugnis von Handwerkskunst und gesellschaftlicher Utopie

■ Tram 8 Am Hellerand

Vor gut 100 Jahren entstand im hügeligen nördlichen Dresdner Vorort Hellerau die erste deutsche Gartenstadt. Der Möbelfabrikant Karl Schmidt war mit seinen Deutschen Werkstätten hierher gezogen, um Holzmöbel nach den Idealen und Maximen des Deutschen Werkbundes zu fertigen. Seine Arbeiter lebten nahebei in einer modellhaften Gartenstadt. Die moderne Siedlung im

Grünen folgte dem Vorbild fortschrittlicher englischer Arbeiterwohnsiedlungen des späten 19. Jh. und stellte eine bewusste Abkehr von den damals üblichen städtischen Mietskasernen dar. So wechseln sich rund um den Markt etwa Reihenhausgruppen, kleine Einzelhäuser und auch einige Villen ab. Türen und Fensterläden sind meist in fröhlichen Farben gestrichen, die Architektur ist schlicht.

Übrigens stellten die Deutschen Werkstätten Hellerau auch während der sozialistischen Planwirtschaft in der DDR, nun als Möbel-Kombinat, weiterhin die begehrten Hellerauer Möbel her. Und immer noch produzieren sie, jetzt in modernen Gebäuden, hochwertige Innenausstattungen für öffentliche Gebäude und private Auftraggeber. Auch darüber hinaus scheint Hellerau ein anregendes Umfeld geblieben zu sein, in dem sich inzwischen Unternehmen der Hochtechnologie und viele kleinere innovative Betriebe niedergelassen haben.

 Sehenswert

Festspielhaus Hellerau
| Kulturzentrum |

 (16) *Ungewöhnliche Begegnungen auf offener Bühne*

Die Gartenstadt und die mit ihr verknüpften sozialen Anliegen zogen auch Reformer aller Art an. Selbst die künstlerische und intellektuelle Avantgarde fand in Hellerau Raum und Gelegenheit zu Experimenten, wie der 1912 vollendete Bau eines Festspielhauses als Bildungsanstalt für Musik und Rhythmus zeigt. Die Leitung übernahm der Komponist und Musikpädagoge Émile Jaques-Dalcroze

(1865–1950), Begründer der rhythmischen Gymnastik. Mary Wigman (1886–1973), der international gefeierte Star des modernen Ausdruckstanzes, zählte hier zu seinen Schülerinnen. Zu den alljährlichen Festspielen kamen Literaten wie Rainer Maria Rilke, Franz Kafka oder George Bernard Shaw, Maler und Designer wie Oskar Kokoschka, Emil Nolde und Henry van de Velde und Tanzgrößen wie Gret Palucca.

Der Erste Weltkrieg versetzte dem Reformprojekt einen betäubenden Schlag. Die Nazis schließlich vertrieben die letzten Künstler, und nach dem Zweiten Weltkrieg richtete die Sowjetarmee hier zunächst eine Kaserne ein. Nach aufwendiger Restaurierung ist das Festspielhaus unter dem Namen »Europäisches Zentrum der Künste Hellerau« inzwischen wieder für experimentelle Kunstveranstaltungen, Konzert- und Ballettaufführungen geöffnet (S. 90).

■ Karl-Liebknecht-Str. 56, Tel. 03 51/ 264 62 46, www.hellerau.org, Führungen Festspielhaus Fr 14 Uhr und jeden 3. So im Monat 11 Uhr, 4 €, erm. 3 €; Gartenstadt nach Anmeldung 10 €, erm. 7 €; Ausstellung Mo–Fr 10–16, Sa, So 11–16 Uhr, Eintritt frei

38 Pfunds Molkerei

 (17) *»Schönster Milchladen der Welt« mit exquisiter Käsetheke*

■ Tram 11 Pulsnitzer Straße oder Diakonissenkrankenhaus
■ Bautzner Str. 79, Tel. 03 51/80 80 80, www.pfunds.de, Mo–Sa 10–18, So 10–15 Uhr

Wie in alten Zeiten kann man an der Theke Milchprodukte kaufen oder ein

Der opulent gestaltete Milchladen von Pfunds Molkerei ist wahrlich einmalig

Glas frische Milch trinken, aber die eigentliche Attraktion ist fraglos das pittoreske Ladengeschäft selbst.

Die Erfolgsgeschichte begann, als Kaufmann Paul Gustav Leander Pfund und sein Bruder Friedrich Ende des 19. Jh. in Dresden eine Molkerei gründeten. Anfangs hatten sie Kuhstall und -weide noch gleich nebenan, um den Großstädtern frische, hygienisch einwandfreie Milch anzubieten. Das Ladengeschäft an der Bautzner Straße mit Milchtrinkhalle boomte und bald brachten Pferdekutschen Pfunds Produkte zu weiteren Filialen im ganzen Stadtgebiet. 1886 stellte die Molkerei als erste in Deutschland Kondensmilch her, die zum internationalen Exportschlager wurde.

Auf der Höhe ihres geschäftlichen Erfolges leistete sich Pfunds Molkerei 1892 im Stammhaus den »schönsten Milchladen der Welt«. Die Keramikmanufaktur Villeroy & Boch lieferte dazu 3500 handgefertigte Fliesen, bemalt mit dekorativen Jugendstilmotiven, Ornamenten und Landschaften. Die Bomben des Zweiten Weltkriegs verschonten diesen Teil der Neustadt. Dann nutzte ein HO den Milchladen, und auch restauriert bietet der Jugendstilpalast wieder ein großes Sortiment an Milchspezialitäten.

Restaurants

€ | Café Restaurant Pfund Über dem Milchladen gibt es auch Ragout fin und Sülze, aber mit Schecke, Eis und Käseschnitzel liegt der Schwerpunkt doch auf Feinem mit Milch. ■ Bautzner Str. 79, Tel. 03 51/810 59 48, www.restaurant-pfunds.de, April–Dez. Mo–Sa 10–19, So 10–18, sonst tgl. 10–18 Uhr

Am Abend

Klar, die Neustadt ist Dresdens Ausgehviertel Nummer eins, hier finden Abend- und Nachtschwärmer reichlich Gelegenheit für ausgedehnte Kneipenbummel im eher alternativen Milieu. Gleichzeitig hat das Unterhaltungs- und Kulturangebot rings um den Albertplatz bis hinauf nach Hellerau noch so viel mehr zu bieten.

Bühne

Europäisches Zentrum der Künste Hellerau Interdisziplinäre Avantgarde von modernem Tanz, Musik, Theater, Performance, neuen Medien und bildenden Künsten. ■ Karl-Liebknecht-Str. 56, Tel. 03 51/26 46 20, www.hellerau.org, Tram 8 Festspielhaus Hellerau

kulturschutzgebiet projekttheater Off-Theater für Experimentelles. ■ Louisenstr. 47, Tel. 03 51/810 76-0, www.projekttheater.de, Tram 13 Görlitzer Straße

Societaetstheater Schauspiel, Tanz und Konzerte in spätbarockem Bau. ■ An der Dreikönigskirche 1a, Tel. 0351/803 68 10, www.societaetstheater.de, Tram 9 Neustädter Markt; Tram 3, 6, 7, 8, 11 Albertplatz

St. Pauli Ruine Sommertheater in der als Ruine bewahrten St. Pauli-Kirche. ■ Königsbrücker Platz, Theaterbüro Hechtstr. 32, Tel. 0351/272 14 44, www.pauliruine.de, Tram 7, 8 Tannenstraße

Konzerte

Dreikönigskirche Gospel, Sinfoniekonzerte, Kammermusik, A Capella, Bluegrass, Seniorensingen, Kirchenchöre, Jazz-, Rock- und Popveranstaltungen in herausragender Akustik. ■ Hauptstr. 23, Tel. 03 51/812 41 02 www.hdk-dkk.de, Tram 9 Neustädter Markt; Tram 3, 6, 7, 8, 11 Albertplatz

Kneipen, Bars und Clubs

Café Europa 24-h-Location mit Frühstück, Kneipenabenden und Absacker am Morgen. ■ Königsbrücker Str. 68, Tel. 03 51/804 48 10, www.cafe-europa-dresden.de, Tram 7, 8, 13 Bischofsweg

Club Standesamt Club mit zwei Dancefloors in klassizistischem Torhaus und Kellerbar. ■ Palaisplatz 2, Tel. 03 51/81 13 46 40, www.standesamt.club, Fr, meist auch Sa 21–5 Uhr, Tram 4, 6, 9, 11 Anton-/Leipziger Straße

Groovestation Bar-Club mit Livemusik. ■ Katharinenstr. 11–13, Tel. 03 51/802 95 94, www.groovestation.de, tgl. ab 19 Uhr, Tram 7, 8 Louisenstraße

Kinos

Filmnächte am Elbufer Sommerkino mit Großleinwand und Konzertbühne am Königsufer. ■ Neustädter Elbufer, www.dresden.filmnaechte.de, Ende Juni–Aug., Tram 3, 7, 8, 9 Carolaplatz

Filmtheater Schauburg Programmkino in der Äußeren Neustadt. ■ Königsbrücker Str. 55/Ecke Bischofsweg, Tel. 03 51/803 21 85, www.schauburg-dresden.de, Tram 7, 8, 13 Bischofsweg

Thalia – Cinema. Coffee and Cigarettes Kleines Programmkino mit nur 75 Plätzen. ■ Görlitzer Str. 6, Tel. 03 51/652 47 03, www.thalia-dresden.de, Tram 13 Görlitzer Straße

Übernachten

Die Nacht ist nicht allein zum Schlafen da, das muss man wissen, wenn man in Dresdens Neustadt eine Unterkunft sucht und bucht. Andererseits gilt auch hier: Wer ein wenig weiter außerhalb Quartier bezieht, kann ruhig schlafen und ist trotzdem nah am Geschehen. Zur Auswahl stehen im weiteren Umkreis besonders viele Pensionen, hier sollte jeder Gast nach seiner Fasson fündig werden.

€

Gästehaus Mezcalero Bed & Breakfast in mexikanisch-aztekischer Anmutung in der munteren Äußeren Neustadt. Zimmer ohne TV. ■ Königsbrücker Str. 64, 01097 Dresden, Tel. 03 51/81 07 70, www.mezcalero.de

Hofgarten 1824 Angenehmes, schön saniertes Stadthotel am Rand der Inneren Neustadt hinter klassizistischer Fassade. Die Zimmer gehen teils auf den lang gestreckten und kopfsteingepflasterten Innenhof. ■ Theresienstr. 5, 01097 Dresden Tel. 03 51/250 28 28, www.hofgarten1824.de

Schiffsherberge-Hotel D. Pöppelmann Funktional und günstig Übernachten an Bord eines vertäuten Flussdampfers am Pieschener Hafen. ■ Uferstr. 14, 01097 Dresden, Tel. 03 51/ 85 67 41 95, www.beherbergungsschiff-dresden.de

€€

Raskolnikoff Sechs schön ausgebaute Zimmer im Dachgeschoss des Vorderhauses. Ohne Frühstück, aber mit kleiner Gemeinschaftsküche. Unten im Kunsthaus Raskolnikow Galerie, Restaurant und Bar. ■ Böhmische Str. 34, 01099 Dresden, Tel. 03 51/804 57 06, www.raskolnikoff.de

€€€

The Westin Bellevue Großes Luxushotel am Elbufer, in historischem Palais mit Anbau zwischen Fluss und Goldenem Reiter. ■ Große Meißner Str. 15, 01097 Dresden, Tel. 03 51/80 50, www.westinbellevuedresden.com

ADAC *Das besondere Hotel*

Die **Villa Romantika**, eine freundliche Frühstückspension in klassizistischer Villa an belebter Straße in der Neustadt, verströmt mit ihren beiden Gästezimmern im englischem Landhausstil tatsächlich einen Hauch Romantik. Hinterm Haus schöner Rosengarten mit Pavillon und Teich. *€–€€ | Königsbrücker Str. 53, 01099 Dresden, Tel. 03 51/56 35 57 21, www. traeumen-in-dresden.de*

Am Elbhang – Vom grauen bis zum Blauen Wunder

Liebliche Landschaft und feine Weine machen den großen Elbbogen in Dresdens Osten zu einem beliebten Ausflugsziel

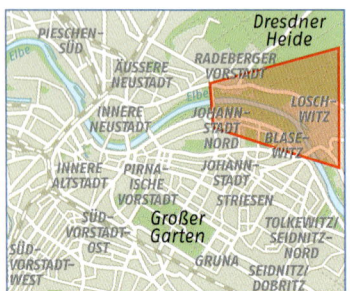

Hübsch ist es im Dresdner Osten, zumal am großen Bogen der Elbe zwischen den beiden bekannten Flussquerungen – Waldschlösschenbrücke und Blaues Wunder. Gediegenheit atmet hier am linkselbischen Käthe-Kollwitz-Ufer das Villenviertel Blasewitz. Den Loschwitzer Hang am gegenüberliegenden Flussufer schmücken die drei klassizistischen Albrechtsschlösser. Hinter ihnen erstreckt sich die trotz ihres Namens größtenteils baumbestandene Dresdner Heide. Mit mehr als 6000 Hektar Fläche zählt dieses wertvolle Naturschutz- und Naherholungsgebiet zu den größten Stadtwäldern Deutschlands.

Die Dresdner Stadtviertel Blasewitz und Loschwitz samt dem früheren Kurort Weißer Hirsch galten schon vor 150 Jahren als exklusive Wohnadressen und Ausflugsziele, ausgesprochen lauschig wirken sie noch heute. Bequem kommt man von Loschwitz mit zwei außergewöhnlichen historischen Bergbahnen auf die Elbhöhe. Oben wartet nicht nur die wunderschöne Aussicht, Sinnenfreuden versprechen auch einige Weinstuben und Besen- oder Straußenwirtschaften, die bereits die Weingärten des Elbtals ankündigen. Am Fuße des Elbhangs und direkt am Flussufer, in Altloschwitz, hatten sich schon früh viele Künstler niedergelassen. Hier führt seit Ende des 19. Jh. die Elbbrücke Blaues Wunder, eine ingenieurstechnische Meisterleistung ihrer Zeit, über den Fluss.

Der umstrittene Brückenschlag der Waldschlösschenbrücke, etwas weiter westlich im Scheitelpunkt des Flussbogens, kostete das Elbtal im Jahr 2009 seinen Titel als UNESCO-Weltkulturerbe. Autopendlern aus entfernteren Stadtteilen und dem Umland erleichtert sie hingegen die Fahrt in die sächsische Landeshauptstadt und zurück.

In diesem Kapitel:

ADAC Top Tipps:

 Elbhangfest
| Volksfest |
Jubel, Trubel, Volksfeststimmung –
am letzten Juniwochenende geht es
auf der Elbe und an ihrem Nordufer
zwischen den grünen Vororten
Loschwitz und Pillnitz hoch her. 103

ADAC Empfehlungen:

 Lingnerschloss
| Schloss |
Lebensart bei Kaffee auf der Terrasse
mit Elbblick und Spaziergang durch
die Weinterrassen. 95

 Bäckerei Scheinert
| Schaubäckerei |
Schaubäckerei und Mitmach-
Backstube, nicht nur für echten
Dresdner Stollen. 100

 Schillerhäuschen
| Museum |
Ode an die Lebensfreude in einem
alten Weinberg in Loschwitz. 100

**Bergschwebebahn
Loschwitz**
| Schwebebahn |
Mühelos hinauf zur Aussichtsplattform mit der ältesten Bergschwebe-
bahn der Welt. 103

39 Waldschlösschen

Den lieblichen Namen teilen sich Palais, Brauerei und die moderne Brücke

■ Tram 11 Waldschlösschen

Benannt ist das vorstädtische Areal am Elbhang zwischen Bautzner und Radeberger Straße nach dem hiesigen Waldschlösschen, einem Ende des 18. Jh. im neogotischen Stil erbauten Palais. Bekannt ist vor allem die hier ansässige Waldschlösschen-Brauerei, in der seit 1838 nach bayerischem Reinheitsgebot und Rezept Bier gebraut wird. Entsprechend beliebt sind Brauhaus und Biergarten, vor allem unter Sommerradlern und als Ziel eines gemütlichen Familienausflugs.
In die Schlagzeilen zumindest der europäischen Presse aber schaffte es die Gegend durch die moderne Waldschlösschenbrücke. Ihr Bau im Jahr 2009 schränkte den verfügbaren Naturraum sowie, je nach Standpunkt, das Panorama der Elbauen stark ein. Das führte letztendlich zur Aberkennung des UNESCO-Weltkulturerbe-Titels für das Dresdner Elbtal. Auch wenn Tatsachen geschaffen wurden, wird doch vor Ort die Frage der Prioritäten nach wie vor heiß diskutiert.

 Restaurants

€ | Waldschlösschen Hausgebraute Bierspezialitäten und kräftig-deftige Speisen in rustikalem bis feinem Ambiente von Festsaal, Sudhaus, Biergarten, Bar oder auf der Terrasse. ■ Am Brauhaus 8 b, Tel. 03 51/652 39 00, Brauereiführung Tel. 03 51/498 98 13, www.waldschloesschen.de, tgl. 11–24 Uhr

40 Albrechtsschlösser

Herrschaftliche Anwesen in traumhafter Lage am Elbhang

■ Tram 11 Elbschlösser

Drei spätklassizistische Prachtbauten zieren seit Mitte des 19. Jh. die Anhöhe über dem Elbhang am Rand von Oberloschwitz, alle auf dem Grund des vormaligen Findlaterschen Weinbergs, gleich an der Grenze zur Dresdner Neustadt. »Albrechtsschlösser« werden die Anwesen Albrechtsberg, Villa Stockhausen bzw. Lingnerschloss und Schloss Eckberg auch genannt, weil die ersten beiden zunächst für Prinz Albert von Preußen erbaut worden waren. Alle sind eingebettet in sorgfältig gestaltete Landschaftsparks, die zur

![Das Lingnerschloss und Schloss Eckberg thronen in herrlicher Lage über der Elbe]

Das Lingnerschloss und Schloss Eckberg thronen in herrlicher Lage über der Elbe

Elbe hin teils heute noch als Weinterrassen genutzt werden. Die repräsentativen Innenräume der Schlösser werden gern für Kultur- und private Veranstaltungen gebucht.

Sehenswert

Schloss Albrechtsberg
| Schloss |

Nach nicht standesgemäßer Heirat war Prinz Albrecht von Preußen, Bruder des späteren Kaisers Wilhelm I., von der Erbfolge ausgeschlossen worden und musste seinen Wohnsitz außerhalb Preußens nehmen. Für ihn und seine Frau Rosalie von Rauch, Gräfin von Hohenau, baute der Schinkel-Schüler Adolf Lohse 1851–54 Albrechtsberg als erstes der drei Elbschlösser. Bereits 1925 erwarb die Stadt Dresden die Anlage vom Sohn des Preußenprinzen.

Heute ist im Torhaus des Schlosses die JugendKunstschule Dresden ansässig. Andere Räumlichkeiten wie der festliche Kronensaal können ebenso wie der großzügige Park und das römische Bad am Südhang für kulturelle Veranstaltungen, Bankette und Hochzeiten gemietet werden.

◼ Bautzner Str. 130, Tel. 03 51/811 58 23, www.schloss-albrechtsberg.de, Besichtigung nur mit Führung, 6 €, erm. 4 €

Lingnerschloss
| Schloss |

⑱ *Vermächtnis eines Menschenfreunds in Prachtlage an der Elbe*
Eigentlich heißt das von zwei Ecktürmchen bekrönte Anwesen ja Villa Stockhausen. Aber seit es Karl August

Lingner, Odol-Fabrikant und Initiator des Deutschen Hygiene-Museums (S. 58), mitsamt seinem großen Park im Jahr 1906 kaufte, trägt es seinen Namen. Der aus einfachen Verhältnissen stammende Lingner vermachte seine stattliche Residenz der Stadt Dresden mit der Auflage, es dürfe niemals veräußert werden, müsse allen Bürgern zugänglich sein und ein Café mit den niedrigsten Getränkepreisen im Umkreis haben. Trotz dieser Widmung war das Lingnerschloss nach der Wiedervereinigung zunächst dem Verfall preisgegeben, bis ein Förderverein die Restaurierung möglich machte. Ein Besuch lohnt sich, nicht zuletzt wegen des zauberhaften Blicks, den man im Sommer von der Restaurantterrasse aus über die Elbe, Dresden und das Blaue Wunder genießt.

◼ Bautzner Str. 132, Tel. 03 51/646 53 82, www.lingnerschloss.de, April–Okt. Mo–Fr 13–18, Sa, So 11–18, sonst Sa, So 13–18 Uhr, Schlossführung Mi 15 Uhr, 5 €

Schloss Eckberg
| Schloss |

Dem Tudorstil verpflichtet ist Schloss Eckberg. Der Palast mit seinem 25 m hohen Turm in einem idyllischen Park wurde 1859–61 für den Großkaufmann John Daniel Souchay erbaut und gilt als Inbegriff der Dresdner Spätromantik. Ab 1925 war ein Kollege Lingners Besitzer des Palazzos. Ottomar Heinsius von Mayenburg war der Erfinder der Zahnpastatube und der Chlorodont-Zahnpasta. Heute ist Schloss Eckberg ein Luxushotel mit Restaurant und traumhaftem Café-Garten.

◼ Bautzner Str. 134

Im Blickpunkt

Weine aus Sachsen

Kenner rühmen ihren sortenreinen Geschmack und die fruchtige Säure. Über 40 verschiedene Rebsorten werden an den steilen, mit Bruchsteinmauern terrassierten Elbhängen zwischen Dresden und Pirna sowie in den Weindörfern um Diesbar-Seußlitz nördlich von Meißen angebaut. Die bekanntesten sind Weiß- und Grauburgunder, Müller-Thurgau sowie Riesling.
Der hl. Benno, um das Jahr 1100 Bischof von Meißen, gilt als Begründer des Weinbaus im Elbtal. Bis zur Mitte des 17. Jh. dauerte dessen Blüte in Sachsen, dann reduzierten die Säkularisierung der Kirchengüter, harte Winter und Reblausbefall die ehemals über 5000 ha Anbaufläche drastisch. Nach dem Zweiten Weltkrieg waren nur noch 60 ha mit Weinreben bepflanzt. Doch in den 1950er-Jahren begann die Wiederaufrebung, und heute gedeihen in dem nordöstlichsten Anbaugebiet Deutschlands die Rebstöcke wieder auf rund 425 ha und erfreuen sich an den knapp 1600 Sonnenscheinstunden im Jahr. Die Spezialität der Region sind leichte, spritzige Weißweine. Gut zwei Dutzend Weingüter laden Ende August zum Tag der offenen Tür ein. Sehr beliebt sind auch Straußenwirtschaften, die im Spätsommer jungen Wein mit Zwiebelkuchen, Käse und anderen Kleinigkeiten anbieten.
www.weinbauverband-sachsen.de

Einladung zu entspannten Spaziergängen in der Dresdner Heide

Restaurants

€–€€ | Lingnerterrassen Gehobene Küche drinnen im Lokal, Selbstbedienung im sehr schönen Biergarten mit grandioser Aussicht. ■ Bautzner Str. 132, Tel. 03 51/456 85 10, www.lingner terrassen.de

€€€ | Restaurant Schloss Eckberg Restaurant des Schlosshotels, Anspruch und Ambiente sind entsprechend, der Garten mit Elbblick ist ein Gedicht. ■ Bautzner Str. 134, Tel. 03 51/809 90, www.schloss-eckberg.de

Erlebnisse

Weinverkostung Im Kavaliershaus Schloss Albrechtsberg können Sie in der Straußenwirtschaft von Winzer Lutz Müller eine stimmungsvolle Weinverkostung mit Ausblick genießen.

 Bautzner Str. 130, Tel. 03 51/328 92 17, www.winzer-lutz-mueller.de, März und Nov. So, April–Okt. Sa, So 11–19 Uhr

41 Dresdner Heide

Vom kurfürstlichen Jagdrevier zum größten Stadtpark Deutschlands

■ S 2 Klotzsche; Tram 11 Wilhelminen-straße

Die Dresdner Heide ist ein gut 60 km² großes Heide- und Waldgebiet im Nordosten der Stadt. Das landschaftlich abwechslungsreiche, weitläufige Naherholungsgebiet macht knapp ein Sechstel des Stadtgebiets aus und ist ideal zum Spazierengehen, Joggen oder Radfahren.

Seit dem Mittelalter wurde die Dresdner Heide forstwirtschaftlich und für

![Wunderschön restaurierte Villa im Stadtteil Weißer Hirsch]

Wunderschön restaurierte Villa im Stadtteil Weißer Hirsch

die Jagd genutzt. Kurfürst August ließ im 16. Jh. ein sternförmiges Wegenetz anlegen, das noch heute mit den Bezeichnungen »Alte Eins« bis »Alte Acht« existiert. Die ungewöhnliche Form der ebenfalls stellenweise erhaltenen historischen Wegezeichen führte zu fantasievollen Namen wie »Gänsefuß«, »Kannenhenkel« oder »Kuhschwanz«. Viele Bachläufe, deren wichtigste die Prießnitz und der Stechgrundbach sind, durchziehen die grüne Idylle. Einige von ihnen, wie das Verlorene Wasser, versickern nach kurzer Fließstrecke wieder im Sandboden.

Von der Radeburger Landstraße führt der Moritzburg-Pillnitzer-Weg zum 211 m hohen Wolfshügel. Von einem einst auf der Hügelkuppe stehenden Aussichtsturm blieb nur noch eine Ruine, am Fuß des Hügels steht ein Obelisk mit einem Porträtmedaillon König Alberts von Sachsen. Weiter südlich sieht man an der Mordgrundbrücke – der Name leitet sich wahrscheinlich von dem altdeutschen Wort für »Grenze« ab – eine Skulptur des Kentauren Chiron, der in der griechischen Mythologie als Meister der Jagd galt.

 Restaurants

€–€€ | Heidemühle 1881 im Stil eines Schweizerhauses gebaut, mit schönem Garten. Ein guter Startpunkt für Wanderungen. ■ Radeberger Landstr. 101, Tel. 03 51/801 98 21, www.einkehr-heide muehle.de, Di–So ab 11 Uhr

€€ | **Fischhaus** Gute jahreszeitliche Landhausküche, natürlich auch gern Fisch, in gemütlichen historischen Gaststuben im König-Albert-Park-Hotel. ■ Fischhausstr. 14, Tel. 03 51/89 91 00, www.historisches-fischhaus.de, Di–Fr 12–23 , Sa, So ab 11 Uhr

 Sport

Sport- und Freizeitanlage Kletterwald Dresdner Heide Sportliches Vergnügen im alten Waldbad Klotzsche. 100 Elemente verteilt auf neun unterschiedlich schwierige Parcours, auch Kräuterwanderung und Bogenschießen. ■ Nesselgrundweg 80, Tel. 03 51/795 87 09, www.kletterwald-dresdner-heide.de, 20 €, erm. 17 €, nach 150 Min. jede weitere halbe Stunde 4 €

42 Weißer Hirsch

Im früheren Kurort lebt luxuriös die Dresdner Prominenz

■ Bus 61, 63, 84 Körnerplatz

Entstanden ist der Stadtteil Weißer Hirsch im 17. Jh. um die gleichnamige Schänke eines Weinguts. Ab Mitte des 19. Jh. entdeckten auch wohlhabende Bürger den Ort mit dem beliebten Ausflugslokal als Sommerfrische. Nur wenige Jahre später entwickelte sich aus dem hiesigen Fridabad das Kurzentrum »Dr. Lahmanns Physiatrisches Sanatorium«. Um 1900 zog es bereits rund 4000 Kurgäste pro Jahr an, davon viele aus dem internationalen Hochadel.

Nach dem Zweiten Weltkrieg kam der Kurbetrieb zwar zum Erliegen, doch avancierte das Viertel zum bevorzugten Wohnort prominenter Alt- und Neudresdner. Dazu zählte auch der Wissenschaftler Baron Manfred von Ardenne, nach dem u.a. die kleine Sternwarte vor Ort benannt ist. Die meisten der etwa 200 Villen sind heute schön restauriert. Als widersprüchliche Enklave der Dresdner Nostalgie mit Prominenz aus allen Lebensbereichen spielt der Weiße Hirsch im Roman »Der Turm« (2008) von Uwe Tellkamp eine führende Rolle.

Verkehrsmittel

Standseilbahn Eine der ältesten Standseilbahnen Europas verbindet den Villenvorort Weißer Hirsch über eine steile Schienenstrecke mit dem Stadtteil Loschwitz am Elbufer. Bereits seit 1895 versehen die gelben Wagen der Seilbahn führerlos ihren Dienst und transportieren Passagiere im Pendelbetrieb in fünf Minuten über 95 Höhenmeter. Die malerische 547 m lange Strecke führt durch zwei Tunnel und über ein 102 m langes Viadukt. Technikinteressierte können nach Anmeldung einen Blick in das Maschinenhaus der Bergstation werfen.

■ Talstation Körnerplatz/Loschwitz, Bergstation Bergbahnstraße/Weißer Hirsch, Tel. 03 51/857 24 10, www.dresdner-bergbahnen.de, www.dvb.de/bergbahnen, Revision Mitte Mai und Anf. Nov., einfache Fahrt 4 €, erm. 2,50 €, Berg- und Talfahrt am selben Tag 5 €, erm. 3 €, günstiger mit DVB-Karten

☕ Cafés

(19) **Bäckerei Scheinert** Das Café ist zugleich eine Schau- und Mitmachbäckerei für Süßes und Brot. Das Stollensiegel bürgt für echten Dresdner Stollen, daneben finden sich zahllose Brotsorten im Angebot. ■ Bautzner Landstr. 64, Tel. 03 51/268 38 74, www.baeckerei-scheinert.de, Di–Fr 7–18, Sa 7–11, So 7.30–10.30, Mitbacken Di–Do ab 12.30 Uhr nach Anmeldung

43 Loschwitz

In dem dörflichen Künstleridyll scheint die Zeit stehen geblieben zu sein

■ Bus 61, 63, 84 Körnerplatz

Wegen ihrer landschaftlichen Schönheit und des herrlichen Ausblicks ins Elbtal gehören die Loschwitzer Elbhänge seit jeher zu den bevorzugten Wohnlagen Dresdens. Das frühere Winzerdorf Altloschwitz am Elbufer mit seinen farbenfrohen Häusern zog viele Künstler, Schriftsteller, Maler und

Komponisten an. Außer Friedrich Schiller waren auch Goethe, Mozart, Friedrich Liszt, Caspar David Friedrich sowie Gerhard Hauptmann hier zumindest zu Gast. In der Friedrich-Wieck-Straße etwa, die vom zentralen Körnerplatz abgeht, weist eine Gedenktafel am Haus Nr. 10 auf den Musiker und Vater von Clara Schumann, geborene Wieck, hin, der hier lebte und 1873 starb.

◉ Sehenswert

Schillerhäuschen
| Museum |

(20) *Verbürgt ist Schillers Aufenthalt hier nicht, die Idylle aber ist echt*

Die Sommer 1785–87 verbrachte Friedrich Schiller auf Einladung des befreundeten Juristen und Kunstmäzens Christian Gottfried Körner in dessen Sommerhaus in einem Weinberg in Loschwitz. Hier arbeitete der Dichter an »Don Carlos« und verfasste die Körner gewidmete »Ode an die Freude«, die später Beethoven im 4. Satz seiner 9. Symphonie vertonte.

Ob Schiller wirklich in dem heute Schillerhäuschen genannten Gartenhaus wohnte, ist nicht gewiss, trotzdem gilt dieser Ort als Gedenkstätte für Schillers Jahre in Dresden und beherbergt heute eine überschaubare Ausstellung. In dem kleinsten Museum der Stadt dokumentieren Bilder und Handschriften die Dresdner Jahre des Sturm-und-Drang-Dichters und die hier entstandenen Werke, außerdem gibt es Informationen zum Künstlerkreis um Schiller und den Mäzen Körner.

■ Schillerstr. 19, Tel. 03 51/31 58 10, www.stmd.de, Ostern–Sept. Sa, So 10–17 Uhr, Eintritt frei

Der Ortsteil Loschwitz mit der über ein Jahrhundert alten Bergschwebebahn

Leonhardi-Museum

| Museum |

Das gelbe, seltsamerweise »Rote Amsel« genannte Fachwerkhaus unweit der Talstation der Standseilbahn ist ein ungewöhnlicher Blickfang. Seine Fassade ist über und über mit Kunstwerken und Sinnsprüchen geschmückt. Ein gebeugter Atlant trägt einen kleinen, der Hausfassade vorgesetzten Turm. Doch der altmodische Habitus täuscht, im Atelierhaus des Fabrikbesitzers und Landschaftsmalers Eduard Leonhardi (1828–1905) geht es um zeitgenössische Kunst aus Dresden und Sachsen. Interessante Wechselausstellungen zeigen aktuelle Werke aus der Stadt sowie romantische Bilder von Leonhardi selbst.

■ Grundstr. 26, Tel. 03 51/268 35 13, www.leonhardi-museum.de, Di–Fr 14–18, Sa, So 10–18 Uhr, 4 €, erm. 2,50 €

Loschwitzer Kirche

| Kirche |

Der achteckige Zentralbau der barocken Loschwitzer Kirche erhebt sich hinter der Talstation der Bergschwebebahn (S. 103). Sie entstand 1705–08 nach Plänen von George Bähr und wird wegen der offensichtlichen Ähnlichkeit oft auch »Kleine Frauenkirche« genannt. Die einschiffige Kirche ziert ein kostbarer Renaissancealtar (1606) aus der kriegszerstörten Dresdner Sophienkirche. Dessen dreistufiger Aufbau mit korinthischen und ionischen Säulen wird bekrönt von der Figur des auferstandenen Christus mit der Glaubensfahne. Er steht auf einer Weltkugel, an die sich Tod und Teufel lehnen. Einen Besuch wert ist auch der Friedhof der Kirche, der um 1800 etwas außerhalb an der Pillnitzer Landstr. 80 angelegt wurde. Zahlreiche Persön-

Mit zahllosen Veranstaltungen lockt das Elbhangfest jedes Jahr Besucherströme an

lichkeiten des Dresdner Kunst- und Kulturlebens sind hier bestattet, viele der Grabsteine wurden von hiesigen Künstlern gestaltet.

■ Pillnitzer Landstr. 7 a, Tel. 03 51/ 215 00 50, www.loschwitzer-kirche.de, tgl. 8–17 bzw. 18 Uhr

Carl-Maria-von-Weber-Museum
| Museum |

Auch in der ländlichen Idylle von Hosterwitz, heute ein Ortsteil von Loschwitz, errichteten im 19. Jh. viele Dresdner ihre Sommerhäuser. Bekanntester Gast war der königliche Kapellmeister des Hoftheaters, Carl Maria von Weber. Er und seine Familie verbrachten die Sommermonate 1818–24 hier im Haus des Winzers Gottfried Felsner. In der Umgebung fand der Komponist Inspiration für seine Opern »Der Freischütz«, »Obe-

ron«, »Euryanthe« und für die »Auffor-derung zum Tanz«.

Heute werden in der einstigen Sommerfrische Faksimiles von Webers Partituren, allerlei Dokumente, Kunstwerke sowie Mobiliar aus der Zeit des Biedermeier gezeigt. Zum Rahmenprogramm des Museums gehören musikalische und literarische Events, im Sommer auch im Freien.

■ Dresdner Str. 44, Tram 6, 12 Schillerplatz, dann Bus 63 Van-Gogh-Straße, Tel. 03 51/261 82 34, www.stmd.de, Mi–So 13–18 Uhr, 4 €, erm. 3 €

☕ Cafés

Bäckerei Wippler Kaffee, Kuchen und Konditorstückchen in schönem Backsteinbau, der »Backwirtschaft«, am zentralen Platz von Loschwitz. Auch kleine Gerichte und selbst gemachtes

Eis. ■ Körnerplatz 2, Tel. 03 51/269 80 40, www.baeckerei-wippler.de, Mo–Sa 6–19, So 7.30–19 Uhr

 Events

Elbhangfest Das jedes Jahr am letzten Wochenende im Juni veranstaltete dreitägige Fest gehört zu den muntersten Dresdner Events. Kulturelle Veranstaltungen, Stände, Theater, Musik und Feuerwerk wechseln sich am rechtselbischen Ufer auf einem 7 km langen Festparcours zwischen Pillnitz und Loschwitz ab. Im Jahre 1991 wurde das Elbhangfest als Benefizveranstaltung für den Wiederaufbau der Loschwitzer Kirche und der Pillnitzer Weinbergkirche gegründet. Heute lockt es alljährlich Zehntausende von Besuchern an und gehört zu den Glanzlichtern im Veranstaltungskalender der Stadt. Ein Festhöhepunkt ist das farbenfrohe nächtliche Theaterspektakel auf der Elbe mit mehreren Dutzend Mitwirkenden und fantasievollen, an der Geschichte orientierten Kostümen. ■ Zw. Loschwitz und Pillnitz, Tram 6, 12 Schillerplatz (und über Brücke Blaues Wunder), Bus 61, 63, 84 Körnerplatz, www.elbhangfest.de, Ticket für 3 Tage im VVK 10 €, erm. 9 €, sonst 14 €, erm. 12 €, Abend-und Tageskarten ab 6 € bzw. 9 €

 Erlebnisse

Besenwirtschaft Gemütliche Einkehr bei der Hobbywinzerfamilie Freytag in deren »Weingarten«. Es wird auch Goldriesling kredenzt. ■ Altwachwitz 4 (Loschwitz 2 km elbaufwärts), Tel. 03 51/ 268 44 96, www.freytags-weingarten.de, Mai und Mitte Juli–Mitte Okt. Do–So ab 14 Uhr und stets zum Elbhangfest

44 Bergschwebebahn

 Nostalgie-Trip mit Deutschlands einziger Bergschwebebahn

■ Talstation Pillnitzer Landstraße/ Loschwitz, Bergstation Oberloschwitz, www.dresdner-bergbahnen.de, www. dvb.de/bergbahnen, Revision Anf. April und Ende Nov., einfache Fahrt 4 €, erm. 2,50 €, Berg- und Talfahrt am selben Tag 5 €, erm. 3 €, günstiger mit DVB-Karten

Seit über einem Jahrhundert können Fußmüde die 84 m Höhenunterschied vom Loschwitzer Elbufer zur »Schönen Aussicht« im gepflegten Oberloschwitz mit der ältesten Bergschwebebahn der Welt überwinden. Am 6. Mai 1901, sechs Jahre nach der benachbarten Standseilbahn (S. 99), weihte Prinz Friedrich August von Sachsen das damals topmoderne Verkehrsmittel ein. Noch heute wird die technische und touristische Attraktion rege genutzt.

Die Dresdner Bergschwebebahn funktioniert nach demselben Prinzip wie die kurz vor ihr in Betrieb genommene Wuppertaler Schwebebahn. Die Fahrgastkabinen hängen stabil an einer Metallkonstruktion und werden von einem Seil gezogen. Für die 274 m kurze Fahrstrecke braucht man vier-

Gefällt Ihnen das?

Wenn Sie im Elbtal hoch hinaus wollen, dann fahren Sie nicht nur mit der Bergschwebebahn, sondern genießen auch den Blick vom **Restaurant Lingnerterrassen** (S. 97) oder erklimmen den **Basteifelsen** (S. 114) in der nahen Sächsischen Schweiz.

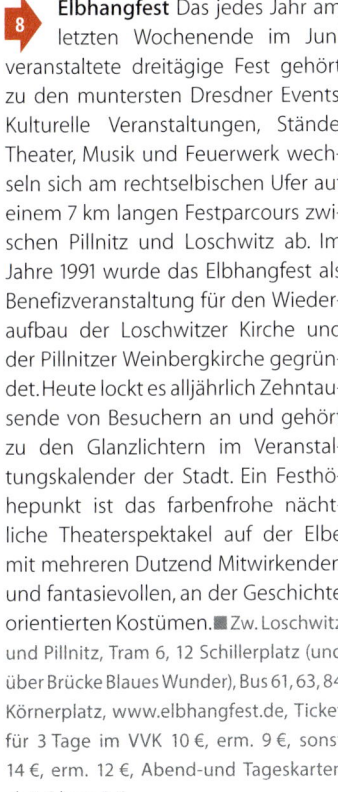

einhalb Minuten. Weinberge und Villen ziehen vorüber, und bei spektakulärem Blick aufs Blaue Wunder und ins Elbtal erfahren die bis zu 40 Passagiere pro Wagen über Lautsprecher Interessantes über Schwebebahn und Umgebung. Eine kleine Ausstellung im Maschinenhaus der Bergstation informiert über Technik und Geschichte.

45 Blaues Wunder

*Technische Meisterleistung des 19. Jh.
mit originellem Namen*

■ Tram 6, 12 Schillerplatz (Blasewitz);
Bus 61, 63, 84 Körnerplatz (Loschwitz)

Zugegeben, das Blau erscheint etwas verblasst und als Wunder kann die unter diesem Namen bekannte Loschwitzer Brücke über die Elbe heute auch nicht mehr durchgehen. Doch zur Zeit ihrer Einweihung 1893 galt die in nur zwei Jahren errichtete Stahlkonstruktion als technisches Meisterwerk. Für die Auslegerbrücke wurden damals 3500 Tonnen Stahl vernietet. Das 141 m lange Mittelstück ist freitragend und kommt ganz ohne Flusspfeiler aus. Trotz ihres Gewichts wirkt die insgesamt 286 m lange Brücke nicht plump und schwer, ihre stählernen

ADAC *Wussten Sie schon?*

… dass im Jahr 1945 die SS das **Blaue Wunder** sprengen wollte? Ohne sich abgesprochen zu haben, kappten Dresdner Bürger an beiden Ufern heimlich die Zündschnüre und die Brücke war gerettet. Eine Gedenktafel am Blasewitzer Brückenkopf ehrt die mutigen Beteiligten.

ADAC *Mobil*

Beim Blauen Wunder sind auf beiden Seiten der Elbe **Parkflächen** ausgewiesen. Allerdings finden Autofahrer vor allem im Sommer auf der Loschwitzer Seite nur mit Glück einen Platz.

Verstrebungen erinnern eher an aufgespannte Netze.

Heute überqueren rund 35 000 Fahrzeuge täglich die Brücke, die den linkselbischen Schillerplatz in Blasewitz mit dem rechtselbischen Körnerplatz in Loschwitz verbindet. Vielen Autofahrern erscheint es als kleines Wunder, dass die Brücke die Verkehrsbelastungen immer noch aushält. Die Rushhour auf dem Blauen Wunder war bei den Dresdnern auch eines der stärksten Argumente für den Bau der umstrittenen, aber verkehrsentlastenden Waldschlösschenbrücke 2,5 km weiter westlich (S. 94).

 Restaurants

€€ | **SchillerGarten** Traditionsgasthaus, in dessen Vorgänger, dem Fleischerschen Schankgut, schon Friedrich Schiller Gast war. Das Restaurant bietet gutbürgerliche Küche, der Biergarten dazu herrlichen Blick aufs Wasser. ■ Schillerplatz 9, Tel. 03 51/81 19 90, www.schillergarten.de, tgl. 11–1 Uhr

 Cafés

Café Toscana Im 19. Jh. gegründetes Café, benannt nach der sächsischen Kronprinzessin Luisa von Toscana, mit einem tollen Angebot an Kuchen und Torten. ■ Schillerplatz 7, Tel. 03 51/310 07 44, www.cafe-eisold.de

Am Abend

Aufregende Ausgehmeilen sucht man im Dresdner Osten vergebens. Wenn nicht gerade Elbhangfest ist (S. 103), bleibt es zwischen Dresdner Heide und Loschwitz in der Regel eher ruhig, man geht ins Kino oder in den Biergarten an der Elbe.

 ## Kneipen, Bars und Clubs

Demnitz Elbegarten Großer Biergarten beim Blauen Wunder. ■ Friedrich-Wieck-Str. 18, Tel. 03 51/210 64 43, www.elbegarten.de, bei schönem Wetter tgl. 11/12–23 Uhr, Bus 61, 63 Körnerplatz

Parkhotel Weißer Hirsch Beliebt u.a. für Blauen Salon und Kakadu Bar. ■ Bautze-

ner Landstr. 7, Tel. 03 51/268 38 51, www.parkhotel-dresden.de, Tram 11 Plattleite

 ## Kinos

Kino im Dach Programmkino im Dachgeschoss. ■ Schandauer Str. 64, Tel. 0351/310 73 73, www.kino-im-dach.de, Tram 4, 10 Gottleubaer Straße

 # Übernachten

Die Gegend an den Elbhängen im Osten der sächsischen Landeshauptstadt ist gediegen. In den Elbauen finden sich am ehesten kleine Pensionen. Hotels sind oftmals in Schlössern oder Villen etwas höher am Hang angesiedelt.

€

Hotel-Pension am Waldschlösschen Zimmer, Apartments, z.T. mit Elbblick, in Brauerei-Stammhaus. ■ Am Brauhaus 8 b, 01099 Dresden, Tel. 03 51/895 13 30, www.hotel-am-waldschloesschen.de

La Campagnola Nette Pension mit italienischem Restaurant im Alten Fährgut am Blauen Wunder. ■ Friedrich-Wieck-Str. 45, 01326 Dresden, Tel. 03 51/314 10 23, www.la-campagnola-dresden.de

Sax Imperial Jugendstilvilla im Nobelviertel Weißer Hirsch. ■ Stechgrundstr. 2, 01324 Dresden, Tel. 03 51/30 97 30 24, www.hotel-sax-imperial.de

€€

Ferienwohnung im Kavaliershäuschen Zwei Wohnungen für Gäste bei Winzerfamilie im Schloss-Weinberg. ■ Bautzner Str. 130, 01099 Dresden, Tel. 03 51/251 78 19, www.winzer-mueller.de

€€ | Villa Weißer Hirsch Schöne Villa am Loschwitzer Elbhang. ■ Hermann-Prell-Str. 6, 01324 Dresden, Tel. 03 51/64 24 13, www.villa-weisser-hirsch.de

€€€

Schloss Eckberg Luxushotel in einem der Albrechtsschlösser. ■ Bautzner Str. 134, 01099 Dresden, Tel. 03 51/809 90, www.schloss-eckberg.de

Entlang der Elbe – Von Gärten bis in die Berge

Felsen, Wein und Porzellan prägen das Elbtal außerhalb Dresdens, Sehnsuchtsziel von Künstlern, Kletterern und Karl-May-Fans

Wind, Wetter und die Wasser der Elbe schufen östlich von Dresden eine vielfältige, teils bizarre Felsenwelt, die als »Sächsische Schweiz« Künstler, Naturfreunde und Kletterer gleichermaßen anzieht. »Tor zur Region« ist das historische Städtchen Pirna. Doch auch kleinere Orte wie Rathen oder Bad Schandau eignen sich als Ausgangspunkte für Ausflüge in die wild-romantische Umgebung und zu den vielen umliegenden Burgen und Schlössern. Weit ist es nicht von Dresden elbabwärts nach Meißen, mit dem Drahtesel

erreicht man auf dem Elbe-Radweg in weniger als zwei Stunden die »Wiege Sachsens« mit Albrechtsburg und der berühmten Porzellan-Manufaktur. Unterwegs zieren Villen und Herrenhäuser die Hügel. Auf Schloss Moritzburg zum Beispiel erfreute sich August der Starke an und in seinen barocken Gemächern. Knapp 200 Jahre später verbrachten die Dresdner »Brücke«-Künstler ihre Sommer an den Moritzburger Teichen, und in Radebeul erinnert das Karl-May-Museum an die Abenteuer von Winnetou und Old Shatterhand.

In diesem Kapitel:

ADAC Top Tipps:

 Elbsandsteingebirge
| Landschaft |
Beeindruckende Landschaft aus Fels und Wald an den Ufern der Elbe, der Nationalpark ist ein wahres Wander- und Kletterparadies. 114

 Festung Königstein
| Ausblick |
Trutzig ragt die größte Burgfestung Deutschlands auf luftigem Fels-plateau empor, die fast 2 km lange Wehrmauer um die Anlage ist bis zu 42 m hoch. 114

ADAC Empfehlungen:

22 **Schlosspark Pillnitz**
| Park |
Üppiger Park, in dem einst August der Starke lustwandelte. 109

23 **Flottenparade**
| Schiffskorso |
Schiffskorso der historischen Elbe-Raddampfer zum Saisonauftakt. 110

24 **Karl-May-Museum, Radebeul**
| Museum |
Erinnerungen an einen noch heute viel gelesenen Autor und sein schlag-kräftiges Alter Ego. 118

25 **Staatliche Porzellan-Manufaktur Meissen**
| Schauwerkstatt |
Weißes Gold in handwerklicher Per-fektion, ob Unikat oder Serie. 121

46 Schloss Pillnitz

*Bildhübsches Wasserschloss mit Park
direkt an der Elbe*

■ Tram 6, 12 Schillerplatz, dann Bus 63
Leonardo-da-Vinci-Straße oder Pillnitzer
Platz; März–Okt. auch direkt mit Schiffen
der Sächsischen Dampfschiffahrt
■ August-Böckstiegel-Str. 2, Tel. 03 51/
261 32 60, www.schlosspillnitz.de, Tagesticket für Park und Palmenhaus 3 €, erm.
2,50 €, für Schloss inkl. Museen, Park und
Palmenhaus 8 €, erm. 6 €, in den Winter-
monaten freier Eintritt in den Park

Dem Pillnitzer Schloss nähert man
sich am besten auf der Elbe mit einem
Raddampfer, auf demselben Wege,
den der sächsische Kurfürst August
der Starke oft für den Besuch bei seiner Mätresse Gräfin von Cosel nahm.
Ihr hatte er das Renaissanceschloss
mit herrlichem Barockpark geschenkt,
sie 1718 aber wieder enteignet, als sie
bei Hofe in Ungnade gefallen war. Die
zauberhafte Anlage mit Wasserpalais,
Bergpalais und Neuem Palais, mit
weitläufigen Gärten, Orangerie, Palmenhaus und Pavillons präsentiert
sich als harmonisches Ensemble von
Architektur und Landschaft.
Architektonisch zeigt das Schloss eine Mischung verschiedener Bau- und
Dekorationsstile, geschweifte Dächer
und hohe pagodenförmige Schorn-
steine ebenso wie chinoise Fassaden-
malereien. Vom Wasserpalais führt
eine Treppe zum Elbufer, wo einst die
Gondeln aus Dresden anlegten. Und
für die umfangreiche kurfürstliche
Pflanzensammlung wurden in der
zweiten Hälfte des 19. Jh. die Orangerie erweitert und das Palmenhaus
errichtet.

 Sehenswert

Schlossmuseum

| Museum |

Das Schlossmuseum im Neuen Palais
illustriert die Schlossgeschichte und
zeigt seine Wandlung vom Lustschloss
zur königlichen Sommerresidenz, in
der auch Regierungsgeschäfte erle-
digt wurden. Es dokumentiert die
Fest- und Spielkultur des Barock und
die Kunstrichtung der Chinoiserie im
18. Jh. Besonders interessant ist neben
dem prachtvollen Kuppelsaal, in dem
die Bankette und Tanzveranstaltun-
gen stattfanden, und der katholischen
Schlosskapelle vor allem die komplett
eingerichtete königliche Hofküche.
■ Mai–Okt. Di–So 10–18, Nov.–April nur
mit Führung Sa und So stdl. 11–14 Uhr

Schloss Pillnitz war zuerst Lustschloss, dann Sommerresidenz

Kunstgewerbemuseum

| Museum |

In den opulent ausgestatteten Salons des Wasser- und des Bergpalais sind kunsthandwerkliche Objekte aus 500 Jahren ausgestellt. Dazu gehören ein vergoldeter Thronsessel Augusts des Starken, kostbare Silber- und farbenfrohe Lackmöbel sowie umfangreiche Sammlungen von Keramik, Majolika, Glas, Zinn und Textilien. Außerdem gibt es Kunsthandwerk aus verschiedenen Epochen und Regionen zu sehen, von bestickten Stoffen aus dem Mittelalter über Produkte der Deutschen Werkstätten Hellerau bis zu Objekten internationaler Designer des 20. Jh. wie Piero Fornasetti und Shiro Kuramata.

■ Mai–Okt. Di–So 10–18 Uhr

Schlosspark

| Park |

(22) *Zauberhafter Landschaftspark an der Elbe mit Schloss und Orangerie*

Der Schlosspark wurde ursprünglich als französischer Barockgarten angelegt, die labyrinthartigen Heckenquartiere aus Hainbuche und Weißdorn entstanden zu Zeiten der Gräfin von Cosel. Die rote Tritonengondel nahebei gehörte zur Flotte von Prunkbooten, die zwischen Dresden und dem Sommersitz pendelten. Am Ende des Heckengartens beginnt eine 500 m lange Maillebahn, auf der Paille Maille, eine Art Krocket, gespielt wurde.

Bis 1790 wurde der Park im Sinne eines Landschaftsgartens erweitert. Der Englische Garten mit Teich und Pavillon, ein Holländischer und ein

Chinesischer Garten kamen hinzu. Hauptattraktion des Schlossparks ist ein mehr als 200 Jahre alter und knapp 9 m hoher japanischer Kamelienbaum (Camellia japonica) im Englischen Garten, der von Februar bis April den Betrachter mit über 30 000 roten Blüten überwältigt. Ein mobiles Glashaus schützt die kälteempfindliche Pflanze im Winter vor Frost.

Die gegenüber dem Wasserpalais gelegene, fast 1 km lange Elbinsel steht unter Naturschutz. Auf dem Eiland haben sich Reste eines Urwalds erhalten, wie er einst im ganzen Elbtal wuchs.

■ tgl. 6 Uhr bis Einbruch der Dunkelheit, Kamelienhaus Mitte Feb.–Mitte April tgl. 10–17, Palmenhaus April–Okt. tgl. 9–18, Nov.–Mai tgl. 10–16 Uhr

 Einkaufen

Klaus Zimmerling Traminer, Riesling, Graue und Weiße Burgunder vom rund 4 ha großen Pillnitzer königlichen Weinberg. ■ Bergweg 27, Dresden-Pillnitz, Tel. 03 51/261 87 52, www.weingut-zimmerling.de

 Events

(23) **Flottenparade** Mit einer Flottenparade am 1. Mai eröffnet die Sächsische Dampfschiffahrt traditionell die Saison auf der Elbe. Stolz präsentieren dann Raddampfer und Salonschiffe Einsatzbereitschaft für neue Fahrten. Wer keinen der begehrten Plätze auf den Schiffen ergattern kann, beobachtet das Spektakel mit Tausenden Gleichgesinnten vom Ufer aus. ■ Start am Terrassenufer Dresden ca. 10 Uhr, ohne Halt bis Pillnitz Elbinsel, Ankunft gegen 12 Uhr, Tel. 03 51/86 60 90, www.saechsische-dampfschiffahrt.de

Pirna

Marktplatz mit Canaletto-Blick und Tor zur Sächsischen Schweiz

i **Information**

■ S 1 Pirna
■ TouristService, Am Markt 7 (Canaletto-Haus), Pirna, Tel. 03 51/55 64 46, www.pirna.de, Ostern–Okt. Mo–Fr 10–18, Sa, So 10–14, Nov.–Karfreitag Mo–Fr 10–16, Sa, So 10–13 Uhr

Eine Stadt wie von Canaletto gemalt. Als Handels- und Tuchmacherstadt war es Pirna nach dem Dreißigjährigen Krieg recht gut gegangen. Sandstein aus Pirna wurde für den Bau von Frauenkirche und Zwinger im nahen Dresden verwendet, aber auch für das Brandenburger Tor in Berlin, das Rathaus von Antwerpen und das Kopenhagener Stadtschloss. Das damalige Erscheinungsbild des schmucken Städtchens blieb weitgehend erhalten, weil Pirna im Zweiten Weltkrieg nicht bombardiert wurde. So kann man hier noch heute den Blickwinkel finden, unter dem Canaletto 1753/54 seine berühmte Vedute »Der Marktplatz zu Pirna« malte.

 Sehenswert

Markt

| Stadtbild |

Fast 50 Gebäude rund um den Marktplatz gelten als »historisch wertvoll«. Mitten auf dem Platz steht das Rathaus, ein reich verzierter Bau (14.–16. Jh.) mit gotischen, barocken und Renaissance-Elementen aus den verschiedenen Bauphasen. Nicht weit davon nutzt der TouristService das

hochgiebelige Canaletto-Haus und zeigt auch eine kleine Ausstellung zur Stadtgeschichte.

St. Marien
| Kirche |

Gleich hinter dem Canaletto-Haus wird das spitze Dach der spätgotischen Hallenkirche St. Marien aus dem 16. Jh. noch überragt von ihrem 60 m hohen Turm. Im Kircheninneren faszinieren das opulente Netzgewölbe über dem Langhaus und im Chor ein Fischblasengewölbe. Berühmt ist die sog. »Pirnaer Bilderbibel«, eindrucksvolle Gewölbemalereien aus

Im Blickpunkt

Elbe-Radweg – mit Schwung durch die Sächsische Schweiz

Wer vom Fahrradsattel aus ein dramatisches Bergpanorama genießen möchte, ohne sich dabei steile Hänge hinaufzuquälen, findet entlang des sächsischen Teils des Elbe-Radwegs eine ideale Strecke. Auf mehr als 50 km bieten hier gut ausgebaute Radfahrwege, fast steigungsfrei und meist beidseits der Elbe, zwischen der tschechischen Grenze und Dresden herrliche Panoramablicke auf Flusstal und Elbsandsteingebirge.

Bei der großen Flussschleife um den Rauenstein und die Bärensteine z. B. geht der Blick hinauf zum Felsriff der Bastei, 200 m hoch über der Elbe. Um dorthin oder etwas weiter flussabwärts zur Festung Königstein auf einem Tafelberg zu gelangen, sind allerdings doch einige Höhenmeter zu überwinden. Und wer gar nicht mehr aufhören möchte zu radeln, kommt auf dem insgesamt 1260 km langen Elbe-Radweg über Magdeburg und Hamburg sogar bis Cuxhaven an der Nordsee.

www.elberadweg.de

der Reformationszeit zur Schöpfungs-
geschichte und dem Auszug aus
Ägypten. Zu den weiteren Schätzen
des Gotteshauses zählen die »Wilden
Menschen«, Mann und Frau in Tier-
pelzen, die sich an vom Gewölbe her-
abhängende Äste klammern. Ferner
ein Taufstein (1561), um dessen Fuß
sich 26 Kinder tummeln und im Chor
dahinter der skulpturengeschmückte
Altar von 1614, ein Meisterwerk der
Spätrenaissance.

■ Kirchplatz 14, www.kirche-pirna.de,
Mai–Okt. Mo–Sa 11–17, So 15–17, Nov.–
April Mo–Sa 11–15, So 14–16 Uhr

Schloss Sonnenstein
| **Gedenkstätte** |
Oberhalb der Stadt erhebt sich Schloss
Sonnenstein. 1940–41 wurden in der
hiesigen Heil- und Pflegeanstalt ca.
15 000 vorwiegend psychisch kranke
und geistig behinderte Menschen
vergast. Die Gedenkstätte Pirna-Son-
nenstein erinnert an diese furchtbaren
Verbrechen. Das Schloss selbst kann
bei einer Führung besichtigt werden.

■ Schlosspark 11, Tel. 035 01/71 09 60,
www.stsg.de, Mo–Fr 9–16, Sa, So 11–
17 Uhr, Führung Sa 14.30 Uhr, Eintritt frei

Richard-Wagner-Museum
| **Museum** |
Kein Geringerer als Richard Wagner,
Hofkapellmeister von Dresden, verbrachte den Sommer des Jahres 1846
mit seiner Frau Minna im dörflichen
Pirnaer Stadtteil Graupa auf dem Schä-
ferschen Bauerngut. Hier komponierte
der 33-Jährige seine Oper »Lohengrin«.
Im Lohengrinhaus sind die beiden
damals angemieteten Räume mit Mö-
beln aus Wagners Zeit ausgestattet. Im
nahen Jagdschloss dokumentiert das
eigentliche Richard-Wagner-Museum

Leben und Schaffen des Komponisten
in Sachsen bis 1850.

■ Richard-Wagner-Str. 6, Tschaikowskiplatz 7, Pirna-Graupa, Tel. 035 01/461
96 50, www.wagnerstaetten.de, Di–Fr
11–17, Sa, So 10–18 Uh, 7 €, erm. 4 €

 Restaurants

€ | Besenwirtschaft Schlossblick Pirna
Junger Wein im Weinberg an der Elbe
bei Winzer Wolfgang Winn. ■ Postaer
Str. 13, Tel. 01 72/81 09 86 0, www.winzer-
winn.de, Mitte Mai–Ende Sept.

€ | Brauhaus Pirna – Zum Giesser Def-
tige sächsische Küche, dazu selbst ge-
braute Biere. Im Sommer mit schönem
Biergarten. ■ Basteistr. 60, Tel. 035 01/
46 46 46, www.brauhaus-pirna.de, tgl.
11.30–23.30 Uhr

Vollendete Symmetrie bestimmt den klar strukturierten Barockgarten Großsedlitz

48 Barockgarten Großsedlitz

Barocke Gartenkunst vom Feinsten umgibt ein kurfürstliches Lustschlösschen

■ S 1 Heidenau-Großsedlitz, dann 15 Min. zu Fuß
■ Parkstr. 85, Heidenau, Tel. 035 29/563 90, www.barockgarten-grosssedlitz.de, Ende März–Okt. tgl. 10–18 Uhr, 5 €, erm. 2,50 €

Das geplante Schloss wurde während des Baus 1719 aus Geldmangel nur ein Schlösschen, aber der barocke Lustgarten ringsum geriet umso beeindruckender. Als August der Starke die Anlage vier Jahre später kaufte, ließ er den damals in Ansätzen bereits angelegten Garten umgestalten und vergrößern. Die Freitreppen und Terrassen, die Wasserkaskaden, Skulpturen und akkurat geschnittenen Hecken erinnern ein wenig an Versailles, zu jener Zeit das große Vorbild für Schlossbauten in ganz Europa – ein prunkvoller Rahmen für die hier ausgerichteten königlichen Festivitäten.

Der Parkbesuch lohnt vor allem in der warmen Jahreszeit, wenn Goldlack und Tulpen auf den Terrassenbeeten leuchten. Skulpturen flankieren Wege und Blumenrabatten, und von Mai bis September zieren 150 Bitterorangenbäumchen die untere Orangerie. Am schönsten wirkt der Garten bei Sommerkonzerten, wenn die Bogengalerien der beiden Orangerien eine prächtige Kulisse abgeben.

49 Elbsandsteingebirge

Märchen aus Stein – bizarre Felsen, prominente Aussichtspunkte

ℹ **Information**

■ S 1 Stadt Wehlen, Kurort Rathen, Königstein, Bad Schandau

■ Touristinformation, Markt 7, Stadt Wehlen, Tel. 03 50 24/704 14, www.stadtwehlen.de; Haus des Gastes, Füllhölzelweg 1, Rathen, Tel. 03 50 24/704 22, www.kurort-rathen.de; Touristservice, Markt 12, Bad Schandau, Tel. 03 50 22/900 30, www.bad-schandau.de

Durch viele Flussschleifen stampfen die Raddampfer von Dresden elbaufwärts bis nach Bad Schandau, vorbei an mächtigen Tafelbergen und spitzen Felsnadeln. Dicht bewaldet zieht sich hier der Nationalpark Sächsische Schweiz weit über das wildromantische Elbsandsteingebirge hin, mit den angrenzenden Landschaftsschutzgebieten und dem Nationalpark Böhmische Schweiz im benachbarten Tschechien über eine Fläche von insgesamt mehr als 700 km².

Die aufregende Landschaft mit ihren abenteuerlich-fantastischen Felsen, Plateaus und Höhlen entstand aus bis zu 600 m dicken Sandsteinablagerungen der Kreidezeit vor 100 Mio. Jahren.

ADAC *Wussten Sie schon?*

In der Sächsischen Schweiz sind rund 1100 Gipfel und Felstürme zum **Klettern** zugelassen. Mehr als 18 000 ausgewiesene Kletterwege erschließen die Felskulisse.
www.klettern-sachsen.de

Die folgende Eiszeit und fortschreitende Verwitterung haben den Sandstein spektakulär zerklüftet. Ein Netz von Wanderwegen und Klettersteigen, insgesamt 1200 km, durchzieht heute diese Wildwestkulisse. Wie wäre es zum Beispiel ab der kleinen Stadt Wehlen mit mindestens einem Teilstück des romantischen Malerwegs? Auch Caspar David Friedrich fand hier Inspiration, etwa für sein Bild »Wanderer über dem Nebelmeer« (1818).

Der 340-Seelen Kurort Rathen liegt malerisch, aber wie eingezwängt zwischen Elbe und dem gewaltigen Felsmassiv der Bastei. Letzteres kann man von unten in einer dreiviertelstündigen Wanderung, aber auch auf einem Umweg per Auto erreichen. Vom Basteifelsen bietet sich ein schwindelerregender Panoramablick auf die Tafelberge und die sich in fast 200 m Tiefe dahinschlängelnde Elbe. Seit 1851 ist der Felsen »von hinten her« durch eine Steinbrücke erschlossen. Kletterer trainieren an seinen Steilwänden.

👁 **Sehenswert**

Festung Königstein
| Ausblick |

Weit sieht man vom Tafelberg ins schöne Land

Die Festung Königstein erstreckt sich über 9,5 ha und ist damit die größte Bergfestung Deutschlands. Sie thront auf einem 246 m hohen Plateau links der Elbe und bietet einen herrlichen Ausblick auf die Sächsische Schweiz. Der etwa 45-minütige Aufstieg von der Stadt Königstein an ihrem Fuße ist beeindruckend, aber anstrengend. Bequemer geht es per Aufzug oder Panoramalift auf das Plateau vom Parkhaus an der B 172 (Parkhaus Köng-

9 Elbsandsteingebirge

stein am Malerweg, bis 4 Std. 5,50 €, Tagesticket 7,50 €, 800 m Fußweg) bzw. mit dem Festungsexpress (hin und zurück 5 €, erm. 2 €) von Königstein aus. Oben können Besucher auf einem etwa 2 km langen Spaziergang die Festungsanlage parallel zur Mauer umrunden. Sie umfasst das Garnisonshaus von 1589, die barocke Friedrichsburg, die Garnisonskirche aus dem 17. Jh. und einige Dutzend weitere historische Gebäude. Ein 152 m tiefer Brunnen versorgte früher die gesamte Anlage. In diversen Gebäuden dokumentieren Ausstellungen die Geschichte der Festung als Königsburg, sächsisches Staatsgefängnis, Kriegsgefangenenlager und geheimes Depot für Kunstschätze aus den Dresdner Sammlungen. Prominente Festungshäftlinge waren zu unterschiedlichen Zeiten der Alchemist Johann Friedrich Böttger, der Sozialdemokrat August Bebel, der Anarchist Michail Bakunin und der Dichter Frank Wedekind.

■ Tel. 03 50 21/646 07, www.festung-koenigstein.de, April–Okt. tgl. 9–18, Nov.–März tgl. 9–17 Uhr, im Sommer 10 €, erm. 7 €, im Winter 8 €, erm. 6 € inkl. Aufzugnutzung

Nationalparkzentrum Sächsische Schweiz

| Informationszentrum |

Größter Ferienort des Elbsandsteingebirges ist der Kneippkurort Bad Schandau. Viele Wanderer erkunden von hier aus zum Beispiel die Schrammsteine im Osten des Städtchens. Der richtige Standort also für das Nationalparkzentrum Sächsische Schweiz mit allen Informationen über Flora und Fauna des Naturschutzgebietes. Modelle veranschaulichen die geologischen Besonderheiten der Region, Computeranimationen ver-

deutlichen die Entstehungsgeschichte des Elbsandsteingebirges.

■ Dresdner Str. 2 b, Bad Schandau, Tel. 03 50 22/502 40, www.nationalpark-saechsische-schweiz.de, www.lanu.de, April–Okt. tgl. 9–18, Nov.–März Di–So 9–17 Uhr, 4 €, erm. 3 €, Plan S. 115 c2

 ### Einkaufen

Destillerie Geist von Rathen Preisgekrönte Obstbrände, Gewürz- und Kräutergeister. ■ Kottsteig 3, Rathen, Tel. 03 50 24/79 00, www.geistvonrathen.de, Plan S. 115 b1

 ### Bühne

Felsenbühne Vorstellungen der Landesbühne Sachsen in einem von Felsen umgebenen Naturtheater unterhalb des Basteimassivs, nachmittags und abends. Beliebt sind Aufführungen nach Karl May, Opern und Musikschauspiel. ■ Amselgrund 17 (Kessel am oberen Ende des Wehlgrunds), Rathen, Tel. 03 50 24/77 70, www.felsenbuehne-rathen.de, Mai–Aug., Plan S. 115 b1

 ### Wandern

Malerweg Ein guter Ausgangspunkt für Wanderungen ist die kleine Stadt Wehlen (Plan S. 115 a1). Auch der romantische Malerweg kommt hier vorbei. Die Route startet im Liebethaler Grund bei Pirna, verläuft dann 68 km rechtselbisch bis Schmilka, wo sie die Elbe quert, und windet sich über 44 km zurück bis Pirna. Auf diesen 112 km verbindet sie pittoreske Aussichtspunkte

Vor der Kulisse des Basteimassivs sind Vorstellungen in der Felsenbühne ein besonderes Erlebnis

ADAC *Mobil*

Seit 1898 fährt die **Kirnitzschtalbahn** vom Bad Schandauer Stadtpark 8 km durch das romantische Kirnitzschtal zum Lichtenhainer Wasserfall. Dort sorgt ein altes Wehr, das alle halbe Stunde geöffnet wird, seit rund 80 Jahren für publikumswirksame Sturzbäche. *Bad Schandau, www.ovps.de, April–Okt., Einzelfahrt 5 €, erm. 2,50 €, evtl. Zuschlagfahrschein in Traditionsfahrzeugen 1 €, erm. 0,50 €*

und Malerwinkel. Hier hat etwa Caspar David Friedrich für manche seiner Bilder Inspirationen gefunden. ■ www.saechsische-schweiz.de/wandern

50 Radebeul

Pilgerstätte für Karl-May-Fans und Liebhaber eines guten Tropfens

 ### Information

■ S 1 Radebeul-Ost
■ Tourist-Information, Hauptstr. 12, Radebeul, Tel. 03 51/831 18 30, www.radebeul.de

Etwa 10 km flussabwärts von Dresden liegt die Große Kreisstadt Radebeul im malerischen Obst- und Weinanbaugebiet Lößnitz. Ihre Entwicklung zum »sächsischen Nizza« verdankt sie der Reblaus, die Ende des 19. Jh. auch im Elbtal ganze Weinberge zerstörte. Als die danach brachliegenden Grundstücke zur Terrassenbebauung freigegeben wurden, errichteten reiche Fabrikanten und andere Vertreter der Dresdner Hautevolee ihre Sommerresidenzen.

Sehenswert

Karl-May-Museum

| Museum |

 Vom sächsischen Schreibtisch auf Abenteuerreise in alle Welt

1896 hatte sich der Bestsellerautor Karl May in Radebeul niedergelassen. In seiner Villa Shatterhand sind sein original eingerichtetes Arbeitszimmer zu sehen, die Bibliothek und der Empfangssalon. Die Wände schmücken Gemälde von Sascha Schneider, der mit seinen Illustrationen der May-Werke zu eigenem Ruhm gelangte. Ebenfalls vertreten sind die Gewehre von Mays Romanhelden Old Shatterhand und Winnetou, im echten Leben fertigte ein Dresdner Büchsenmacher Henrystutzen, Bärentöter und Silberbüchse für Mays Kostümfundus. In der Villa Bärenfett, einem Blockhaus im Garten, zeigt eine völkerkundliche Ausstellung 800 interessante Exponate zu den Indianern Nordamerikas.

■ Karl-May-Str. 5, Tel. 03 51/837 30 10, www.karl-may-museum.de, März–Okt. Di–So 9–18, Nov.–Feb. Di–So 10–17 Uhr, 9 €, erm. 7 €

Weingut Hoflößnitz

| Museum |

Im Jagdschlösschen von 1650 erzählt das Sächsische Weinbaumuseum die Geschichte des regionalen Weinanbaus, gleichzeitig beherbergt das ökologisch wirtschaftende Weingut die Tourismuszentrale Sächsische Weinstraße. Auf dem Anwesen stehen noch ein Kavaliershaus mit Weinstube und das Pressehaus zum Weinkeltern.

■ Knohllweg 37, Tel. 03 51/839 83 33, www.hofloessnitz.de, Di–So 11–17, Führung Sa, So 11 Uhr, 3 €, erm. 2 €

Im Blickpunkt

Karl May – der Skandal um Old Shatterhand

Der edle Indianerhäuptling Winnetou, Old Shatterhand, der seine Gegner mit einem Fausthieb niederstrecken konnte, und Kara Ben Nemsi, der »Von Bagdad nach Stambul« und »Durchs wilde Kurdistan« ritt – sie sind die Superhelden der Romane von Karl May (1842–1912). Seine äußerst erfolgreichen »Kolportageromane« spielten im Orient und Wilden Westen des 19. Jh. und suggerierten, dass der Autor mit seiner Romanfigur Old Shatterhand identisch sei und die Abenteuer selbst erlebt habe. May dementierte nichts. Er hatte zwar seine Heimat bis dato nie verlassen, zeigte sich aber gern in Cowboy-outfit mit dem Gewehr in der Hand.

Während sich der mittlerweile berühmte May 1899 tatsächlich auf eine Reise in den Orient begab, flog sein Lügenspiel auf und wurde als Hochstapelei angeprangert. Die Leserschaft war empört, doch die Begeisterung für Karl Mays Bücher blieb schon damals und auch später ungetrübt: Mit 200 Mio. verkauften Exemplaren, davon die Hälfte in Deutschland, und Übersetzungen in mehr als 30 Sprachen zählt Karl May heute zu den meistgelesenen Autoren deutscher Sprache. Und noch immer werden nach seinen Stoffen Theaterstücke, Filme, Hörspiele und Comics produziert.

ADAC *Mobil*

Wie schon im sächsischen König-reich zuckelt die **Lößnitzgrund-bahn**, die älteste Schmalspurbahn Deutschlands, zwischen Rade-beul-Ost und Moritzburg 17 km durch das Tal des Lößnitzgrunds. *Tel. 03 52 07/892 90, www.sdg-bahn. de, je nach Strecke 2,30–7,50 €*

Restaurants

€€ | Restaurant Weinhaus Aust Im Gasthaus aus dem 17. Jh. und auf der Lindenterrasse verkostet man zu guter Regionalküche die Weine des Gutes. ■ Weinbergstr. 10, Tel. 03 51/833 87 50, www.weingut-aust.de, Di–Do 17–22, Fr–So 12–22 Uhr

€€–€€€ | Charlotte Weinrestaurant in altem Fachwerkhaus mit kreativer Re-gionalküche. ■ Coswiger Str. 23, Tel. 03 51/833 68 76, www.charlotte-radebeul.de, Mi–Sa 18–23, So 17–24 Uhr

Events

Karl-May-Festtage Am Wochenende nach Christi Himmelfahrt verwandeln Tausende von Cowboys und Indianern das idyllische Radebeul in eine Wild-weststadt. ■ www.karl-may-fest.de

51 Schloss Moritzburg

Hof und Künstlern gefiel das barocke Jagdschloss im seenreichen Waldgebiet

■ S 1 Radebeul und Lößnitzgrundbahn (s. o.); Bus 326 Schloss Moritzburg
■ Tel. 03 52 07/87 30, www.schloss-moritzburg.de, April–Okt. tgl. 10–18, Nov.–März Di–So 10–17 Uhr, 8 €, erm. 4 €, inkl. Fasanenschlösschen 11 € bzw. 7 €

Das heutige Landschaftsschutzgebiet Friedewald mit Teichen, Wiesen und Feuchtgebieten hatten die Wettiner schon im 16. Jh. zum kurfürstlichen Jagdgebiet erklärt. 1542 ließ Kurfürst Moritz von Sachsen hier auf einer Teichinsel das nach ihm benannte Wasserschloss errichten. Ab 1723 baute Matthäus Daniel Pöppelmann es im Auftrag von August dem Starken zu einem viertürmigen barocken Jagd- und Lustschloss um.

Wahre Raumfluchten und eine impo-sante Jagdtrophäensammlung zeu-gen von der höfischen Wohnkultur des Barock. Das Porzellanquartier stellt ex-quisite Service und Porzellanfiguren zum Thema Jagd aus. Ein weiteres Glanzlicht ist das Federzimmer im Par-terre, in dem Millionen farbige Federn in die Wandteppiche und das kurfürst-liche Prunkbett eingearbeitet sind.

Außerhalb, am Ufer des Großteichs, wurde Ende des 18. Jh. das Fasanen-schlösschen errichtet, ein zierliches Palais im chinesischen Stil. Auf dem Teich selbst ließ Friedrich August III. zur Erbauung seiner illustren Gäste-schar Wasserfeste und Seeschlachten mit hölzernen Fregatten ausrichten. Von den »Dardanellen« genannten Anlagen mit künstlichen Ruinen und Geschützbastionen blieb nur die Mole mit einem rot-weißen Leuchtturm. Im Schlösschen sind kostbare historische Wandverkleidungen des 18. Jh. aus Federn, Stroh, Perlen und chinoisen Stickereien zu bewundern.

In den Sommermonaten 1909/10 fan-den sich die Dresdner Expressionisten der Künstlergruppe »Brücke«, Max Pechstein, Erich Heckel und Ernst Lud-wig Kirchner, zu einer anderen Form des Kunstgenusses an den Moritzbur-ger Teichen ein: Sie verwandelten die

Naturkulissse in ein Freiluftatelier für das Aktzeichnen. Werke wie Kirchners »Vier Badende«, Pechsteins »Badende in Moritzburg« und Heckels »Fasanenschlösschen« überlieferten das offensichtlich anregende Ambiente bildlich der Nachwelt.

 Sehenswert

Käthe-Kollwitz-Haus
| Museum |

Im Ort Moritzburg ist der Rüdenhof der großen deutschen Grafikerin gewidmet, die hier mit 77 Jahren in zwei Zimmer zog. Das kleine Museum birgt 30 Radierungen, Lithografien und Holzschnitte sowie einige persönliche Erinnerungsgegenstände. Prinz Ernst Heinrich von Sachsen hatte die von den Nationalsozialisten mit einem Ausstellungsverbot belegte Künstlerin im Juli 1944 nach Moritzburg eingeladen. Nur wenige Monate später starb Käthe Kollwitz hier am 22. April 1945.

■ Meißner Str. 7, Tel. 03 52 07/828 18, www.kollwitzhaus.de, April–Okt. Mo–Fr 11–17, Sa, So 10–17, Nov.–März Di–Fr 12–16, Sa, So 11–16 Uh, 4 €, erm. 3 €

52 Meißen

Bekannt als Wiege Sachsens und Manufaktur des Weißen Goldes

 Information

■ S 1 Meißen
■ Tourist-Information, Markt 3, Meißen, Tel. 035 21/419 40, www.touristinfo-meissen.de

Am Anfang war die Albrechtsburg, von der man heute einen herrlichen Blick auf die Stadt Meißen (28 000 Einw.)

und das Elbtal mit den von Wein bewachsenen Hängen genießt. Von der »Wiege Sachsens« aus regieren seit dem Mittelalter die Wettiner, im Schutze ihrer Mauern ließ Kurfürst August der Starke einst sein geliebtes Porzellan produzieren. Nach der Wiedervereinigung wurde hier am 3. Oktober 1990 der neue Freistaat Sachsen proklamiert. Nahebei ragt der Meißner Dom mit seinen 70 m hohen Doppeltürmen in den Himmel und bildet zusammen mit der Albrechtsburg ein grandioses architektonisches Ensemble. Am Fuße des Burgbergs breitet sich die von den Zerstörungen des Zweiten Weltkriegs verschont gebliebene Altstadt mit ihren mittelalterlichen Häusern und den verwinkelten Gässchen aus. Rund um Theaterplatz, Heinrichsplatz und Marktplatz laden zahlreiche Kunsthandwerksläden, Cafés und Weinstuben zur Einkehr.

 Sehenswert

Albrechtsburg
| Burg |

Seit 1676 heißt die spätgotische Anlage auf dem Burgberg Albrechtsburg. Die zum Burghof ausgerichtete Fassade ziert der »Große Wendelstein«, ein kunstvoll gestalteter viergeschossiger Treppenturm. Das Innere des Schlosses wurde nach dem Umzug der Porzellanmanufaktur in den Jahren 1873–85 mit imposanten Historienbildern ausgemalt. Der prächtigste Saal ist die Große Hofstube mit ornamentverziertem Netzrippengewölbe und drei Wandgemälden, die Jugendszenen der Prinzen Ernst und Albrecht von Wettin zeigen. Gemälde, Urkunden und Karten geben Einblicke in die Geschichte, Architektur und Wohnkul-

Die Albrechtsburg und der Dom überragen das Meißener Stadtbild

tur und auch die Porzellanproduktion spielt eine wichtige Rolle.

■ Domplatz 1, Tel. 035 21/470 70, www. albrechtsburg-meissen.de, März–Okt. tgl. 10–18, Nov.–Feb. tgl. 10–17 Uhr, 8 €, erm. 4 €, Kombikarte mit Dom zu Meißen 10,50 €, erm. 5,50 €

Dom zu Meißen
| Kirche |

Der seit der Reformation evangelische Dom ist ein Hauptwerk der sächsischen Gotik. Im reich ausgestatteten Inneren lassen die hoch aufragenden Bögen die dreischiffige Hallenkirche eigentümlich schmal erscheinen. Die überlebensgroßen Stifterfiguren im Chor, darunter Otto der Große und seine Gemahlin Adelheid, sind Meisterwerke der Naumburger Domwerkstatt aus dem 13. Jh. Zur wertvollen Ausstattung gehören auch der Lettner aus dem 13. Jh. sowie mehrere Gemäl-

de aus der Werkstatt Lucas Cranachs d.Ä. und die Sandsteinkanzel aus dem 16. Jh. In der im 15. Jh. westlich angebauten Fürstenkapelle sind zahlreiche wettinische Herrscher und ihre Familien bestattet.

■ Domplatz 7, Tel. 035 21/45 24 90, www.dom-zu-meissen.de, April tgl. 10–18, Mai–Okt. tgl. 9–18, Nov.–März tgl. 10–16 Uhr, 4 €, erm. 2,50 €, Kombikarte mit Albrechtsburg 10,50 €, erm. 5,50 €

Staatliche Porzellan-Manufaktur Meissen
| Schauwerkstatt |

 Geltung und Geld verdankt Sachsen dem weißen Gold

Berühmt ist Meißen vor allem für sein Porzellan, weltbekannt sind die zwei gekreuzten Schwerter, die als Markenzeichen auf jedes Stück von Hand aufgetragen werden. Die Manufaktur selbst im Meißener Ortsteil Trie-

Nur echt mit den zwei gekreuzten Schwertern – Meissener Porzellan

bischtal gehört zu den beliebtesten Attraktionen Sachsens. Hier kann man in der Schauwerkstatt die verschiedenen Stufen der Porzellanfertigung kennenlernen. Im 2016 neu gestalteten Museum der Meissen Porzellan-Stiftung bezaubern die schönsten Stücke der Produktion aus allen Epochen von 1710 bis heute. Talstr. 9, Tel. 0 35 21/46 82 08, www.meissen.de, www.porzellan-stiftung.de, Mai–Okt. tgl. 9–18, Nov.–April tgl. 9–17 Uhr, 10 €, erm. 6 €

🍴 Restaurants

€ | Bauernhäus'l Gute sächsische Küche an der Weinstraße, serviert auf Meissener Porzellan, und heimische Weine. Reservierung empfohlen. Oberspaarer Str. 20, Tel. 035 21/73 33 17, www.bauernhaeusl.de, Do ab 17, Fr, Sa und So ab 11 Uhr

€–€€ | Walter Schuh Weinrestaurant mit sächsischer Küche, Weingarten im Hof. Weiße und rote Weine vom Klausen- und Kapitelberg unweit Meißens. Dresdner Str. 314, Coswig-Sörnewitz, Tel. 035 23/848 10, www.weingut-schuh.de, Feb.–Dez. Do und Fr ab 18, Sa, So ab 11, April–Okt. zusätzlich Mo ab 18 Uhr

€€ | Zum Löwen Regionalküche mit mediterranen Akzenten im Hotel Goldener Löwe mit guter, umfangreicher Weinkarte. Heinrichsplatz 6, Tel. 035 21/411 10, www.goldener-loewe-meissen.com, tgl. 12–23 Uhr

☕ Cafés

Konditorei Schreiber Traditionscafé in der Altstadt mit bestem Baumkuchen, Stollen und Pralinen. Elbstr. 31, Tel. 035 21/45 20 00, www.konditorei-cafe-schreiber.de, Di–So 9.30–18 Uhr

Konditorei Zieger Der Familienbetrieb unweit der Albrechtsburg ist bekannt für seine Stollen, Eierschecken und den luftigen »Meißner Fummel«. Rote Stufen 5, Meißen, Tel. 035 21/45 31 47, www.konditorei-zieger.de, Di–Sa 8.30–18, So 11–18 Uhr

🛍 Einkaufen

Erlebniswelt Haus Meissen Nach dem Besuch der Schauwerkstätten locken ein (Einkaufs-)Bummel durch den größten Meissen Flagshipstore weltweit und das Outlet für Porzellan zu günstigen Preisen. Talstr. 9, Tel. 035 21/46 83 32 (Boutique), 46 83 38 (Outlet), www.meissen.com, Mai–Okt. tgl. 9–18, Nov.–April tgl. 9–17, 31.12. und 1.1. 10–16 Uhr, 24. und 26. Dez. geschl.

Am Abend

Zahlreiche Schlösser und Burgen bieten entlang der Elbe zauberhafte Kulissen für stimmungsvolle Konzerte, Musikfestspiele und Theateraufführungen. So kommen im Dresdner Umland vor allem in den Sommermonaten Gäste häufig in den Genuss hochkarätiger Aufführungen, insbesondere von klassischer Musik.

 ## Bühne

Theater Meißen Theater am Burgberg, im Juni Burgfestspiele. ■ Theaterplatz 15, Meißen, Tel. 035 21/41 55 11, www.theater-meissen.de, S 1 Meißen

 ## Konzerte

Moritzburger Chorfest Sächsische Chöre und Gastchöre bieten ein buntes Repertoire. ■ 1. So im Juni, Schloss Moritzburg, Tel. 03 52 07/873 18, www.

schloss-moritzburg.de, Eintritt frei, Bus 326 Schloss Moritzburg

Richard-Wagner-Spiele Festspiele im Rahmen des deutsch-tschechischen Kulturfrühlings u. a. in Pirna-Graupa. ■ Zwei Wochen Anfang Juli, www.richard-wagner-spiele.com, Bus 63 Tschaikowskiplatz

Sandstein und Musik Vielfältige Konzertreihe in der Region. ■ Tourismusverband Sächsische Schweiz e. V., Pirna, Tel. 035 01/47 01 47, www.sandsteinmusik.de, S 2 Pirna

 # Übernachten

Im gesamten Elbtal und zumal in der Umgebung von Dresden finden sich Unterkünfte für jeden Anspruch und Geldbeutel, von fürstlichen Domizilen in Schlosshotels bis zu Fahrradpensionen entlang des Elbe-Radwegs. Das führt freilich zur Qual der Wahl: Blick über die Elbe oder über die Baumwipfel und Felsen des Elbsandsteingebirges, Abendspaziergang im Schlosspark oder im Naturpark, königlich nächtigen, auf einem Weingut oder mit Familienanschluss? Ein Tipp zur Entscheidungshilfe: Bleiben Sie doch einfach ein paar Tage länger und probieren Verschiedenes aus.

 €

Ferienhof Dittrichs Erben Hotel, Pension, Ferienwohnung und Übernachten auf dem Heuboden, hier findet jeder Gast das Richtige. Restaurant, Beauty Lounge, Fahrradverleih

und Weinladen gibt es obendrein. ■ Altkötzschenbroda 27, 01445 Radebeul, Tel. 03 51/656 37 60, www.ferienhof-altkoetzschenbroda.de

Schwenkehof Ferienwohnungen und Pension (April–Okt. mit Frühstück buchbar) in historischem Fachwerk-ensemble, schön im Grünen zu Füßen der Festung gelegen. ■ Bielatalstr. 58, 01824 Königstein, Tel. 03 50 21/598 40, www.schwenkehof.de

Villa Sophie Propere Herberge in der Sächsischen Schweiz, direkt am Elbe-Radweg. ■ Lohmener Str. 2, 01829 Stadt Wehlen, Tel. 03 50 24/97 90 00, www.villa-sophie.de

€€

Elbschlösschen Angenehmes Hotel am Fluss, besonders begehrt sind die Zimmer mit Balkon zur Elbe. ■ Kotte-steig 5, 01824 Rathen, Tel. 03 50 24/750, www.hotelelbschloesschen.de

Goldenes Fass Hotel-»Dorf« in denk-malgeschütztem ehem. Winzerhof, stimmungsvoll und komfortabel. ■ Vorbrücker Str. 1, 01662 Meißen, Tel. 035 21/71 92 00, www.goldenes-fass-meissen.de

Lindenhof Freundliches Komfort-hotel, die Zimmer sind hell und in warmen Farben gehalten, manche bieten einen kleinen Balkon mit schönem Blick ins Grüne. ■ Rudolf-Sendig-Str. 11, 01814 Bad Schandau, Tel. 03 50 22/48 90, www.lindenhof-bad-schandau.de

Sächsische Schweiz Große Zimmer in ruhig gelegenem Sporthotel mit betreuten Fitnessangeboten, zwei Kegelbahnen, Tennisschule, Wellness, nebenan Squash und ein Erlebnisbad. ■ Rottwernstr. 56 b, 01796 Pirna, Tel. 035 01/790 00, www.aktiv-sporthotel.de

Schloss-Hotel Dresden Pillnitz Stil-voll nächtigen auf dem Anwesen der prächtigen früheren Sommerresidenz des sächsischen Königs. ■ August-Böckstiegel-Str. 10, 01326 Dresden-Schloss Pillnitz, Tel. 03 51/261 40, www.schlosshotel-pillnitz.de

€€€

Radisson Blue Park Hotel Großes, stilvolles Komfort- und Konferenz-hotel an den Lößnitzer Weinbergen auf der sonnenverwöhnten rechten Elbseite. ■ Nizzastr. 55, 01445 Radebeul, Tel. 03 51/832 10, www.parkhotel-dresden.com

Villa Sorgenfrei Stilvoll-elegante Gast-zimmer in historischem Herrenhaus mit allem Komfort, von Concierge bis Parkplatz. Schöner Parkgarten ringsum, Hausrestaurant Sanssouci. ■ Augustusweg 48, 01445 Radebeul, Tel. 03 51/795 66 60, www.hotel-villa-sorgenfrei.de

ADAC *Das besondere Hotel*

Goldener Löwe Gediegenes Tradi-tionshotel in der Altstadt, privat ge-führt, mit individuell und stilvoll ein-gerichteten Gästezimmern in einem 1657 erbauten denkmalgeschützten Stadthaus. Kleines, feines Restaurant im Haus, ebenso ein legereres Event-lokal mit Bar.
€€ | Heinrichsplatz 6, 01662 Meißen, Tel. 035 21/411 10, www.goldener-loewe-meissen.com

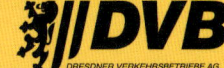

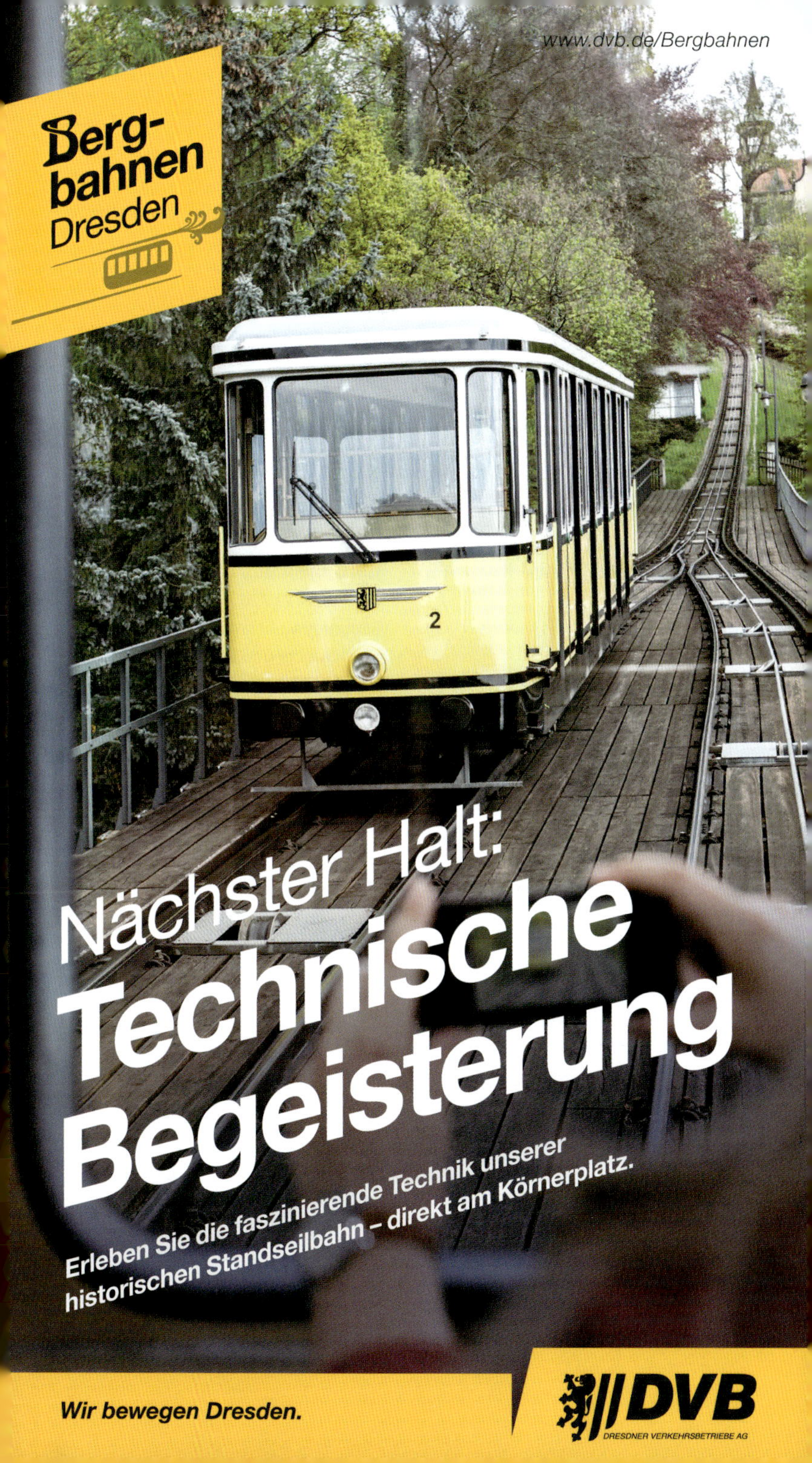
www.dvb.de/Bergbahnen
Bergbahnen Dresden
Nächster Halt:
Technische Begeisterung
Erleben Sie die faszinierende Technik unserer historischen Standseilbahn – direkt am Körnerplatz.
Wir bewegen Dresden.
DVB
DRESDNER VERKEHRSBETRIEBE AG

Beim **ADAC Infoservice**, in den **ADAC Geschäftsstellen** sowie auf dem **Internetportal des ADAC** (www.adac.de) erhalten Sie Informationen zu den Dienst-leistungen des Automobilclubs und zu Ihrem Reiseziel. Als **ADAC Mitglied** können Sie zudem das kostenlose **ADAC TourSet® Dresden, Meißen, Görlitz, Erzgebirge, Oberlausitz** mit vielen Reiseinfos und Karten anfordern oder die **TourSet App** auf dem **Smartphone** oder **Tablet-PC** installieren (www.adac.de/toursetapp).

Rufen Sie bei Notfällen und Pannen den **ADAC Notruf** bzw. den **ADAC Auslandsnotruf** an. Unser Team steht Ihnen rund um die Uhr zur Verfügung.

ADAC Infoservice
Tel. 0 800/510 11 12
Infos zu allen ADAC Leistungen
(Mo–Sa 8–20 Uhr, gebührenfrei)

ADAC Notruf Deutschland
Tel. 0 180/222 22 22
(24 Std., ca. 6 ct/Anruf, max. 42 ct/Min.
aus deutschem Mobilfunknetz)

ADAC Notruf Mobil-Kurzwahl
Tel. 22 22 22
(Gebühren variieren je nach
Netzbetreiber)

ADAC Auslandsnotruf
Tel. +49/89/22 22 22
(Gebühren variieren je nach
Netzbetreiber und Land)

Internet-Serviceangebote des ADAC für Ihre Reiseplanung

Service	Webadresse
Aktuelle Verkehrslage	www.adac.de/verkehr
ADAC Routenplaner	www.adac.de/maps
Infos zu Tankstellen und Spritpreisen	www.adac.de/tanken
Infos zu mautpflichtigen Strecken	www.adac.de/maut
Infos zu Fährverbindungen	www.adac.de/faehren
ADAC TourMail (Aktuelle Infos vor Anreise)	www.adac.de/tourmail
Informationen für Camper	www.adac.de/camping
Informationen für Motorradfahrer	www.adac.de/motorrad
ADAC Reiseangebote	www.adacreisen.de
ADAC Autovermietung	www.adac.de/autovermietung
ADAC Mitfahrclub (offen für alle)	www.adac.de/mitfahrclub
ADAC Versicherungen für den Urlaub	www.adac.de/versicherungen
Weltweite Preisvorteile für ADAC Mitglieder	www.adac.de/vorteile-international

Diese **Produkte des ADAC** könnten Sie interessieren: **ADAC Reiseführer Leipzig, ADAC Reiseführer Thüringen** und **ADAC Reisemagazin Dresden** – erhältlich im Buchhandel, bei den ADAC Geschäftsstellen und in unserem ADAC Online-Shop (www.adac.de/shop).

Anreise

Auto

Die **A 4** verbindet Dresden in westlicher Richtung mit Köln, Erfurt und Chemnitz sowie östlich mit Bautzen, Görlitz und Wrocław (Breslau) in Polen. Die **A 13** führt von Norden (Stettin, Rostock, Berlin) aus in die sächsische Hauptstadt, südwärts verläuft die **A 17** Richtung Prag.

Bahn und Bus

Nah- und Fernzüge sowie S-Bahnen verkehren an Dresdens zwei großen Bahnhöfen, dem **Neustädter Bahnhof** auf der nördlichen Elbseite und dem **Hauptbahnhof** am südlichen Rand der Altstadt. Über Nacht fahren auf der Strecke Berlin–Dresden–Prag–Wien–Budapest **Nightjets** der Österreichischen Bundesbahn (Schlaf-, Liege-, Sitzwagen), Tickets sind auch über die Deutsche Bahn erhältlich (www.nightjet.com, www.citynightline.de, www.bahn.de).
Günstig reist man per **Fernbus** zwischen vielen deutschen und europäischen Städten. Anbietervergleich über www.busliniensuche.de.

Flugzeug

Der Flughafen **Dresden International** (DRS, Tel. 03 51/88 13 3 60, www.dresden-airport.de) liegt ca. 9 km nördl. vom Zentrum im Ortsteil Klotzsche. Über die Autobahn A 4 und die Bundesstraße B 97 gelangt man in die Innenstadt. Die S 2 verbindet den Airport mit dem Hauptbahnhof in ca. 20 Min. Am Flughafen gibt es div. Mietwagenfirmen.

Dokumente

Österreicher und **Schweizer** können mit ihrem gültigen Reisepass oder Personalausweis bzw. Identitätskarte nach Deutschland einreisen.

 Auto und Straßenverkehr

Umweltzone

Die Innenstadtbezirke von Dresden sind **Umweltzonen**, in denen nur Autos mit der grünen Umweltplakette (Schadstoffgruppe 4) fahren dürfen. Bei Nichtbeachtung drohen Geldbußen und für in Deutschland zugelassene Fahrzeuge ein Punkt in Flensburg.

Parken

Im Stadtzentrum stehen reichlich gebührenpflichtige Parkplätze und Parkhäuser zur Verfügung. Ein **Parkleitsystem** weist Autofahrern den Weg zu freien Plätzen. Aktuelle Informationen zur Parksituation online unter www.dresden.de/freie-parkplaetze.

Einige **zentrale Parkmöglichkeiten**
- Parkhaus Centrum-Galerie, Einfahrt Reitbahnstraße
- Parkhaus Mitte, Einfahrt Magdeburger Straße
- Tiefgarage Altmarkt, Einfahrt Wilsdruffer Straße
- Tiefgarage Frauenkirche, Einfahrt Schießgasse
- Tiefgarage Frauenkirche Neumarkt, Landhausstr. 3
- Tiefgarage Haus am Zwinger, Brüdergasse
- Tiefgarage Semperoper, Einfahrt Devrientstraße
- Tiefgarage Taschenbergpalais, Kleine Brüdergasse 3

Unfall

Nach einem Unfall sollten Sie sofort anhalten, die Unfallstelle absichern und Erste Hilfe leisten, bei Personenschaden unbedingt die Polizei verständigen (Notruf 112). Den **ADAC Notruf Deutschland** erreichen Sie unter Tel. 0180/222 22 22 (ca. 6 ct/Anruf, max. 42 ct/Min. aus dt. Mobilfunknetz).

Barrierefreies Reisen

Dresden ist sehr engagiert in Sachen Barrierefreiheit. Es gibt u.a. spezielle Stadtführungen und einen Online-Stadtführer für Menschen mit Behinderungen (www.dresden.de/stadtfuehrer, www.rollpfad.de), der ÖPNV nutzt das Blindeninformationssystem BLIS, viele öffentliche Gebäude sind mit induktiven Höranlagen ausgestattet.

Verband der Körperbehinderten der Stadt Dresden e.V.
■ Strehlener Str. 24, Tel. 03 51/472 49 42, www.kompass-dresden.org

Einkaufen und Märkte

Elbeflohmarkt Trödelmarkt am Elbufer an der Albertbrücke. ■ Sa 8–20 Uhr, April–ca. Sept. auch So, www.elbeflohmarkt.de
Sachsenmarkt Wochenmarkt mit einem Angebot von Spreewaldgurken bis Kunsthandwerk. ■ Lingnerallee (beim Deutschen Hygiene-Museum), Fr 8–17 Uhr
Wochenmarkt auf dem Schillerplatz Frisches Obst, Gemüse, Käse und Fisch. ■ Di, Do 9–17, Sa 8–12 Uhr

Feiertage

1. Jan. (Neujahr), Karfreitag, Ostermontag, 1. Mai (Tag der Arbeit), Himmelfahrt, Pfingstmontag, 3. Okt. (Tag der Deutschen Einheit), 31. Okt. (Reformationstag), Mi vor dem Totensonntag (Buß- und Bettag), 25./26. Dez. (1. und 2. Weihnachtsfeiertag).

Fundbüro

Fundbüro der Stadt Dresden
■ Theaterstr. 13, Tel. 03 51/488 59 96
Fundservice der Deutschen Bahn
■ Tel. 09 00/199 05 99 (0,59 €/Min.)

Geld

Banken und Sparkassen sind in der Regel Mo–Fr 9–13 und 14–16 Uhr, Do bis 18 Uhr geöffnet.
Mit **EC- und Kreditkarte** kann man an zahlreichen Geldautomaten rund um die Uhr Bargeld abheben. Fast alle Geschäfte, Restaurants und Hotels akzeptieren EC-Karten, manche jedoch keine Kreditkarten.
Zentraler **Sperrdienst** für Kredit-, Bank- und Handykarten Tel. 11 61 16.

Kosten im Urlaub
(durchschnittliches Preisniveau)

Tasse Kaffee	2,20 €
Softdrink (Limonade)	2,30 €
Glas Bier (0,4 Liter)	3,50 €
Glas Wein (0,2 Liter)	4,70 €
Hauptgericht (Restaurant)	12 €
Eintritt staatl. Museum	5–20 €
Mietwagen / Tag	43 €
ÖPNV (Einzelfahrt Stufe 1)	2,30 €

Gesundheit

Österreicher und Schweizer werden nach Vorlage ihrer europäischen Versicherungskarte beim Arzt oder im Krankenhaus ihrer Wahl wie einheimische Versicherte behandelt.

Festivals und Events

Januar / Februar

Semper Opernball (Ende Jan./Anf. Feb., Semperoper und Theaterplatz, www.semperopernball.de) – Prunk nach Wiener Vorbild, draußen Open-Air-Ball für alle.

April

Filmfest Dresden (www.filmfest-dresden.de) – Sechs Tage internationales Kurzfilmfestival.

Mai

Flottenparade (1. Mai, Brühlsche Terrassen–Schloss Pillnitz, www.saechsische-dampfschiffahrt.de) – Historische Schaufelraddampfer auf Elbfahrt.

Internationales Dixieland Festival (2. Maiwoche, www.dixieland festival-dresden.com) – Größtes Dixie-Festival Europas.

Mai / Juni

Dresdner Musikfestspiele (Mitte Mai–Mitte Juni, www.musikfest spiele.com) – Internationale Stars und Dresdner Ensembles spielen klassische Musik.

Karl May Festtage (letztes Maiwochenende, Radebeul und Umgebung, www.karl-may-fest.de) – Wildwest im Osten: Vorträge, Filme, Westerncamp, Sternreiterparade u. v. m.

Juni

BRN Dresden (3. Juniwochenende, Talstraße/Neustadt, www.brn-dres den.de) – Alternatives Stadtteilfest der »Bunten Republik Neustadt«.

Elbhangfest (letztes Juniwochenende, Loschwitz und Pillnitz, www.

elbhangfest.de) – Volksfest an Land, Spaßregatta u. a. in Drachenbooten auf der Elbe.

Juli / August

Dresdner Schlössernacht (ein Sa Mitte Juli, Albrechtsschlösser, www.dresdner-schloessernacht.de) – Kultur in edlem Ambiente.

Filmnächte am Elbufer (www.dresden.filmnaechte.de) – Open-Air-Kino und Star-Konzerte im Grünen vor Dresdens Silhouette.

Canaletto (Wochenende Mitte Aug., www.dresdner-stadtfest.com) – Musik, Theater, Shows und Feiern.

Dresdner Schlössernacht

Oktober

Dresden Marathon (So Ende Okt., www.dresden-marathon.com) – Im Laufschritt durch Stadt und Elbtal.

November / Dezember

Jazztage (drei Wochen im Nov., Dresden und Umland, www.jazz tage-dresden.de) – Bekannte Stars und junge Talente.

Striezelmarkt (Woche vor dem 1. Advent – 24. Dez., Altmarkt, www.dresden.de/striezelmarkt) – Ältester Weihnachtsmarkt Deutschlands.

Apotheken haben meist Mo–Sa 9–18 Uhr geöffnet. Adressen und Telefonnummern von Notfall-Apotheke, Giftnotruf, Notaufnahmen und Zahnarzt-Notdienst s. »Notfall« (S. 131).

Information

Tourist-Information Dresden
◼ Hauptbahnhof, Wiener Platz 4, Tel. 03 51/50 15 01, www.dresden.de/dig, tgl. 8–20 Uhr, und Neumarkt 2, Mo–Fr 10–19, Sa 10–18, So 10–15 Uhr

Die Adressen der Tourismusbüros außerhalb von Dresden sind im Haupttext bei den jeweiligen Orten genannt. Allgemeine Informationen zur Region erhalten Sie auch bei:

Nationalparkverwaltung Sächsische Schweiz
◼ An der Elbe 4, 01814 Bad Schandau, Tel. 03 50 22/90 06 00, www.nationalpark-saechsische-schweiz.de

Tourismusverband Sächsische Schweiz e.V.
◼ Bahnhofstr. 21, 01796 Pirna, Tel. 03 501/47 01 47, www.saechsische-schweiz.de

Tourismusverband Sächsisches Elbland e.V.
◼ Fabrikstr. 16, 01662 Meißen, Tel. 035 21/763 50, www.elbland.de

Klima und beste Reisezeit

Die beliebtesten Reisemonate sind Mai–Okt. und Dez. Dabei ist die Landeshauptstadt an der Elbe mit ihren Museen, Schlössern und Parkanlagen zu jeder Jahreszeit reizvoll. In der Weihnachtszeit zieht besonders der Striezelmarkt Besucher aus aller Welt an.

Klimatabelle Dresden

Monat	Luft (°C) (min./max.)	Sonne (h/Tag)	Regentage
Jan.	-3/1	2	9
Feb.	-2/3	3	9
März	0/7	4	8
April	4/13	5	10
Mai	8/18	6	11
Juni	12/22	7	11
Juli	14/24	7	10
Aug.	13/23	7	9
Sept.	10/20	6	8
Okt.	6/14	4	9
Nov.	2/7	2	9
Dez.	-1/3	1	11

Kultur

Kultur wird großgeschrieben in Dresden, das vielfältige Angebot reicht vom Alternativfestival über Kabarett und Open-Air-Konzert bis zur Semperoper. Nicht umsonst bewirbt sich Dresden um den Titel »Kulturhauptstadt Europas« im Jahr 2025.

Adressen ausgewählter Bühnen und Veranstaltungsorte finden Sie in den einzelnen Kapiteln jeweils am Ende auf den »Am Abend«-Seiten (S. 50, 70, 90, 105 und 123).

Karten für viele Veranstaltungen erhalten Sie in der Tourist-Information Dresden, nicht jedoch für die **Semperoper** – diese gibt es an der Kasse vor Ort oder online mit Kreditkarte und zusätzlich 4 € Systemgebühr unter www.semperoper.de.

Veranstaltungskalender und teilweise Online-Ticketverkauf finden Sie unter www.kulturkalender-dresden.de und www.dresdennightlife.de.

Konzertkasse im Florentinum

 Ferdinandstr. 12, Tel. 03 51/86 66 00, www.konzertkasse-dresden.de

saxTicket

 Königsbrücker Str. 55, Tel. 03 51/ 803 87 44, www.saxticket.de (Website des Dresdner Stadtmagazins)

Medien

Lokale Tageszeitung ist die »Sächsische Zeitung« (www.sz-online.de) mit Wochen-Veranstaltungskalender »PluSZ«. Monatlich erscheinen die Stadtmagazine »Blitz« (www.blitz-world.de) und »SAX« (www.cybersax.de), das »Dresdner Kulturmagazin« (www.dresdner. nu) und »Prinz Dresden« (www.prinz. de/dresden).

Nachtleben

Dresden ist Landeshauptstadt und Universitätsstadt, an Ausgehmöglichkeiten fehlt es hier nicht. Am meisten los ist in der **Neustadt**, dem Szeneund In-Viertel. Restaurants, Bars, Kneipen und Diskotheken, Shisha-Lounges und Hinterhof-Cafés … Alles findet sich hier, wobei die studentisch-alternativen Angebote etwas überwiegen. Ähnliches gilt für das nordwestlich anschließende **Hechtviertel**, für viele die etwas ruhigere »kleine Schwester« der Neustadt.

Gediegen geht es in den schicken Bars und Lounges in der **Altstadt** zu, wo sich nicht selten Geschmack und Geld in edlem Barockambiente treffen. Eine weitere beliebte Ausgehmeile ist das **Industriegelände Dresden Nord**. Entscheidungshilfe beim Zug durch die Gemeinde bietet www.dresden nightlife.de.

Notfall

Wählen Sie in Notfällen immer die gebührenfreie europäische **Notrufnummer 112**. Dort erhalten Sie Hilfe von **Polizei**, **Feuerwehr** und **Notarzt**, ggf. kommt ein Rettungswagen.

ADAC Mitglieder können sich in Notfällen rund um die Uhr an den **ADAC Notruf Deutschland** unter Tel. 0180/ 222 22 22 (ca. 6 ct/Anruf, max. 42 ct/Min. aus dt. Mobilfunknetz) wenden.

In vielen öffentlichen Gebäuden, Bahnhöfen und an belebten Plätzen befinden sich **Defibrillatoren**, die bei Herzproblemen Leben retten können.

Diakonissenkrankenhaus

 Holzhofgasse 29, Tram 11 Bautzener Str., Tel. 03 51/810 17 08

Städtisches Klinikum Dresden-Friedrichstadt

 Friedrichstr., Tram 10, Bus 94 Krankenhaus Friedrichstraße (Sportpark Ostra), Tel. 03 51/480 19 38

Universitätsklinikum TU Dresden

 Fetscherstr. 74, Tram 6, 12 Augsburger Straße, Bus 64 Universitätsklinikum od. Pfotenhauerstraße, Navi: Fiedlerstr. 19, 01307 Dresden, www.uniklinikumdresden.de

 Notaufnahme Chirurgie, Haus 58, Tel. 03 51/458 24 25

 Notaufnahme Innere Medizin, Haus 27, Tel. 03 51/458 22 21

 Zahnärztlicher Notdienst, Haus 28, Tel. 03 51/458 36 70

Apotheken Notbereitschaft Diakonissenkrankenhaus

 Holzhofgasse 29, Tram 11 Bautzener Straße, Tel. 03 51/01 15 00

Apotheken-Notdienst
 Tel. 0800/00 22 833, www.aponet.de

Giftnotruf
 … des Giftinformationszentrums, Tel. 03 51/73 07 30
 … für Sachsen, Tel. 03 71/192 92

Öffnungszeiten

Kaufhäuser sind Mo–Sa von 10–18 oder 20 Uhr geöffnet, ebenso die meisten größeren **Geschäfte**. Die Altmarkt-Galerie hat bis 21 Uhr geöffnet, große Supermärkte und **Einkaufszentren** auch bis 22 Uhr. Sonntags bleiben die Läden überwiegend geschlossen. Öffnungszeiten von **Banken** und **Post** s. »Geld« (S. 128) sowie »Post« (s. u.).

Post

Serviceangebote und Öffnungszeiten von Postfilialen und Verkaufspunkten sind unterschiedlich, meist gelten die üblichen Ladenöffnungszeiten.

Größere Postfilialen
 Antonsplatz 1, Innere Altstadt, Mo–Fr 9–19, Sa 9–15 Uhr
 Metzer Str. 1, Innere Neustadt, Mo–Fr 8–19, Sa 8–18 Uhr

Rauchen

Auch in Sachsen gilt das Nichtrauchergesetz, es wird aber nicht immer ganz streng ausgelegt. In manchen Restaurants und Kneipen gibt es räumlich getrennte Raucherzimmer.

Sicherheit

Dresden gilt als sichere Stadt, die üblichen Vorsichtsmaßnahmen sollten Sie dennoch beherzigen: Portemonnaie am Körper, wenig Bargeld und keine Wertsachen mitführen, Hotelsafe nutzen. An touristischen Brennpunkten, in öffentlichen Verkehrsmitteln, auf Märkten und in jeder größeren Menschenmenge besteht die Gefahr von Taschendiebstählen.

Eine »abstrakte Gefährdungslage« sehen die Behörden bundesweit bei Großevents, mit entsprechenden Sicherheitsmaßnahmen wie Eingangssperren, Taschenkontrollen und -verboten sowie Personenkontrollen ist dann zu rechnen.

Sport

Bootfahren
Neben der Elbe laden auch viele Kanäle und Seen ein, Dresden und das reizvolle Umland vom Wasser aus kennenzulernen.

Kanu Aktiv Tours Verleih von Kanus, Schlauchbooten und Fahrrädern für Touren auf oder entlang der Elbe, auch in Kombination. Außerdem Floßfahren im Programm. Schandauer Str. 17-19, Königstein, Tel. 03 50 21/59 99 60, www.kanu-aktiv-tours.de

Fahrradfahren
Dresden und seine Umgebung lassen sich gut per Fahrrad erkunden. Fahrräder leihen kann man u. a. bei:

Fahrrad Riemer Oschatzer Str. 19, Tel. 03 51/849 23 93, www.elberad.com
Mietstation St. Petersburger Str. 33 (nahe Hauptbhf.), Tel. 03 51/48 43 43 56; Ferdinandplatz 1 (Altstadt), Tel. 03 51/323 00 54; Glacisstr. 5 (am Elbe-Radweg), Tel. 03 51/49 77 12 78, www.mietstation-dresden.de

Schwimmen

Elbamare Großes Erlebnisbad mit Innen- und Außenbecken sowie Whirlpool, Wasserrutschen und schönem Saunabereich. ■ Wölfnitzer Ring 65, Tel. 03 51/41 00 90, www.elbamare.de

Georg-Arnhold-Bad Schönes Freibad mit Sport-, Erlebnis- und Planschbecken. ■ Helmut-Schön-Allee 2, Tel. 03 51/494 22 03, www.dresdner-baeder.de

Schwimmkomplex Freiberger Platz Große Schwimmhalle mit tgl. Kursangebot. ■ Freiberger Platz 1 a, Tel. 03 51/205 87 91 00, www.dresdner-baeder.de

Skaten

Nachtskaten Mai/Juni bis September geht es freitags ab 21 Uhr durch ganz Dresden. ■ Treffpunkt Halfpipe Lignerallee, www.nachtskaten-dresden.de

Wandern und Klettern

Im einfachen Gelände der Dresdner Heide und entlang der Elbe oder im anspruchsvollen Terrain der Sächsischen Schweiz lässt es sich gut wandern. Für Kletterabenteuer im Elbsandsteingebirge sollte man über gute sportliche Kondition verfügen und sich erfahrenen Führern anvertrauen.

Bergsport Arnold Geführte Wanderungen und Kletterkurse. ■ Obere Str. 2, Hohnstein, Tel. 03 59 75/812 46, www.bergsport-arnold.de

Kletterschule Lilienstein Kletterkurse auch für Kinder. ■ Ringweg 33 f, Bad Schandau/OT Porschdorf, Tel. 03 50 22/918 28, www.kletterschule-lilienstein.de

 ## Stadtführungen

Engel Reisen Thematische Stadtrundgänge mit »historischen Persönlichkeiten« und Stadtrundfahrten in Kleinbus, Oldtimer oder mit dem Rad. ■ Tornaer Str. 74, Tel. 03 51/281 92 06 und 01 71/206 02 54, www.touristik-dresden.de, zu Fuß ab 12 €

Igeltour Thematische Touren zu Fuß, per Bus, Fahrrad, Schiff oder mit öffentlichen Verkehrsmitteln. ■ Löwenstr. 11/Bautzner Str. 46 b, Tel. 03 51/80 44 5 57, www.igeltour-dresden.de, z. B. Klassische Altstadt 10 €, Weinwanderung Meißen 19 €

Rote Doppeldecker Touren mit Doppeldeckerbussen durch die Stadt, auch Stadtrundgänge. ■ Feldschlösschenstr. 8, Tel. 03 51/494 04 04, www.stadtrundfahrt-dresden.de, 17 €, erm. 15 €

Sächsische Dampfschiffahrts-GmbH Panoramafahrten auf der Elbe bis ins Elbsandsteingebirge mit historischen Schaufelraddampfern und Salonschiffen. ■ Georg-Treu-Platz 3, Tel. 03 51/86 60 90, www.saechsische-dampfschiffahrt.de, 16,50 €, erm. 11 €

Stadtrundfahrt Dresden Feste Busroute, Hop-on, Hop-off an 22 Haltestellen. ■ Start am Theaterplatz, www.stadtrundfahrt.de, 20 €, 2-Tage-Ticket 22 €

Trabi Safari Mit der »Rennpappe« als Selbstfahrer im Konvoi auf einer 1,5- oder 2,5-stündigen Rundtour durch Dresden. ■ Bremer Str. 35, Tel. 03 51/82 12 01 43, www.trabi-safari.de, ab 30 €

 ## Telefon und Internet

Seit Sommer 2015 gibt es in der gesamten Dresdner Innenstadt kostenloses WLAN. Auch außerhalb genießen Sie freien Internetzugang in öffentlichen Gebäuden, am Flughafen, an zahlreichen Hotspots sowie in den meisten Kliniken, Geschäften und Restaurants.

■ Vorwahl Dresden: 03 51
■ Vorwahl Meißen: 035 21
■ Vorwahl Pirna: 035 01

Unterkunft und Hotels

Es gibt reichlich Unterkünfte aller Art. Besonders **empfehlenswerte Adressen** finden sie im vorderen Teil dieses Buches auf den S. 51, 71, 91, 105 und 123.

Trotzdem kann in der Sommerhälfte des Jahres gerade bei günstigen Angeboten und in guten Lagen zum Wunschtermin kein Zimmer frei sein, rechtzeitige Planung und Buchung empfehlen sich also.

Viele Hotels bieten sog. »Dresden Days« an, dabei handelt es sich um drei Übernachtungen zum Preis von zwei, inkl. Dresden City Card und Museums Card (siehe »Vergünstigungen«). Sehr beliebt sind außerdem Kombiangebote, die eine Übernachtung mit einem Extra wie etwa einer Vorstellung in der Semperoper verbinden.

Dresden erhebt eine **Beherbergungssteuer** von allen »Personen, die in Dresden entgeltlich privat übernachten«, wobei es keine Rolle spielt, ob auf dem Campingplatz, in Gästezimmern oder in Hotels. Ausgenommen sind lediglich beruflich bedingte Aufenthalte. Die Höhe der Steuer richtet sich nach dem Übernachtungspreis und beträgt pro Pers. und Nacht: bis 30 €: 1 €, 30–60 €: 3 €, 60–90 €: 5 €, 90–120 €: 7 € usw.

Camping

Eine Auswahl geprüfter Plätze finden Sie online in der **ADAC Campingwelt**, die Portalinhalte sind als ADAC Camping- und Stellplatzführer (»Deutschland«) jahresaktuell auch als App für iPhone, iPad und Android-Smartphones und -Tablets sowie in Buchform erhältlich (www.campingfuehrer.adac.de).

Ferienwohnungen

Webportale bieten zahlreiche private Unterkünfte in Dresden, den Vororten und im Elbtal an. Das Angebot ist unterschiedlich, es lohnt sich, mehrere Seiten zu vergleichen.

Hotels und Pensionen

Das Angebot ist vielfältig und reicht vom barock-üppigen Luxushotel bis zum modernen, verkehrsgünstig gelegenen Geschäftshotel, von der leicht plüschigen Pension mit freundlicher Zimmerwirtin bis zur citynahen Jugendherberge am Rand der Altstadt. Die einschlägigen Internetportale spiegeln diese Vielfalt wider. Offizielles Vermittlungsportal des Tourismusverbandes Dresden ist www.dresdentourist.de.

 Vergünstigungen

Dresden Welcome Cards gelten an ein, zwei, drei oder vier Tagen. Es gibt die **Museums Card** (2 Tage, 22 €, freier Eintritt in 14 Museen), die **Museums Card Plus** (4 Tage, 29 €, freier Eintritt in 27 Museen), **Tour Card** (2 Tage, 11 €, Altstadtführung und Stadtplan), **City Card** (1, 2, oder 3 Tage, 10 €, 15 €, 20 €, freie Fahrt mit Bus und Bahn in Dresden) sowie die **Regio Card** (1, 2, oder 3 Tage, 20 €, 30 €, 40 €, freie Fahrt mit Bus und Bahn im gesamen Gebiet des Verkehrsverbunds Oberelbe). Alle bieten zusätzlich Ermäßigungen in zahlreichen Restaurants und Geschäften sowie für Touren und Veranstaltungen. Die einzelnen Karten können auch preissparend kombiniert werden. Verkaufsstellen sind die Dresden Information an der Frauenkirche und im Hauptbahnhof, man kann sie auch online bestellen. ■ www.dresden.de/dig

Verkehrsmittel in der Stadt

Öffentliche Verkehrsmittel

Straßenbahnen und **Busse** werden innerstädtisch von den Dresdner Verkehrsbetrieben (Tel. 0351/8571011, www.dvb.de) betrieben, regional vom Verkehrsverbund Oberelbe (Tel. 0351/8526555, www.vvo-online.de), der in Tarifzonen aufgeteilt ist.

Fahrscheine können Sie an Haltestellen, im Verkehrsmittel und an Servicepunkten kaufen und im Verkehrsmittel entwerten. Preise im Stadtgebiet Dresden: Einzelfahrschein 2,30 €, erm. 1,60 €, max. 1 Std. gültig, Umsteigen erlaubt; Tageskarte 6 €, erm. 5 €; Familientageskarte (2 Erw. + 2 Kinder bis 14 J.) 9 €. Außerhalb Dresdens z.B. nach Meißen (3 Tarifzonen) 6,20 €, erm. 4,30 €.

Infos zur Anbindung an öffentliche Verkehrsmittel für die Anreise finden Sie beim jeweiligen Ort bzw. bei der Sehenswürdigkeit.

Bergbahnen

Die **Standseilbahn** (Mitte Mai und Anf. Nov. je zehn Tage Revision) führt von Loschwitz zum Weißen Hirsch, die **Schwebebahn** (Jan.–April und Ende Nov. Revision) von der Pillnitzer Landstraße nach Oberloschwitz. Die Bahnen gehören zum DVB, doch müssen eigene Tickets gelöst werden (www.dresdner-bergbahnen.de, www.dvb.de): einfache Fahrt 4 €, erm. 2,50 €, Berg- und Talfahrt am selben Tag 5 €, erm. 3 €

Elbschifffahrt

DVB-Personenfähren (www.dvb.de) verkehren zwischen Johannstadt und Neustadt, Niederpoyritz und Laubegast sowie Kleinzschachwitz und Pillnitz. Einfache Fahrt 1,50 €, erm. 1 €, Hin- und Rückfahrt 2 €, erm. 1,50 €.

Sächsische Dampfschiffahrts GmbH
Entlang der Elbe. ■ Tel. 0351/86 60 90, www.saechsische-dampfschiffahrt.de

Fahrrad

International bekannt ist der **Elbe-Radweg** (S. 111), innerstädtisch arbeitet Dresden noch daran, eine fahrradfreundliche Stadt zu werden. Informationen zur Fahrradstadt Dresden und Radfahren im Umland finden Sie online auf der Seite www.adfc-dresden.de.

Mietwagen und Carsharing

Für Mitglieder bietet die **ADAC Autovermietung** günstige Mietwagenkonditionen an. Buchungen über www.adac.de/autovermietung, die ADAC Geschäftsstellen oder unter Tel. 089/76762099. Im Übrigen sind alle großen Autovermieter vertreten.

Carsharing hat in Dresden noch großes Entwicklungspotenzial. Über aktuelle Anbieter und Abholstationen informiert Sie www.carsharing-news.de/carsharing-dresden.

Taxi

Funktaxi, Tel. 0351/211211, www.taxi-dresden.de
Rikschataxi, Tel. 0152/0431 6010, www.city-rikscha.de

 Zollbestimmungen

Reisende aus Österreich dürfen Waren abgabenfrei mit nach Hause nehmen, wenn diese für den privaten Gebrauch bestimmt sind. Bürger aus der Schweiz dürfen Waren im Wert von SFr 300 für den privaten Gebrauch mit zurück in die Heimat bringen. In beiden Fällen gelten jedoch Grenzmengen, die berücksichtigt werden müssen (www.zoll.de, www.bmf.at/zoll, www.zoll.ch).

Die Geschichte Dresdens

1206 Erste urkundliche Erwähnung Dresdens.

1485 Teilung Sachsens: Der Wettiner Ernst wird Herzog von Sachsen-Wittenberg, sein Bruder Albrecht Markgraf von Meißen. Dessen Nachkommen, die Albertiner, regieren bis 1918 in Dresden als Herzöge von Sachsen.

1560 Kurfürst August begründet die Dresdner Kunstkammer.

1694 Unter Kurfürst Friedrich August I., gen. August der Starke, entstehen barocke Prachtbauten wie Zwinger, Frauenkirche und Taschenbergpalais.

1697 Für die polnische Königskrone wird August katholisch und regiert als König August II. von Polen-Sachsen.

1708 Johann Friedrich Böttger stellt in Meißen Porzellan her.

1748 Canaletto wird Hofmaler.

1763 Sachsen verzichtet auf den polnischen Thron.

1806 Napoleon schafft das Königreich Sachsen.

1815 Der Wiener Kongress beschließt zwei Drittel Gebietsverlust für Sachsen. Carl Maria von Weber ist Königlicher Kapellmeister in Dresden.

1849 Am glücklosen Maiaufstand gegen König Friedrich August II. von Sachsen beteiligten sich auch Architekt Gottfried Semper und Hofkapellmeister Richard Wagner.

1850–72 Die Industrialisierung macht Dresden zu einem prosperierenden Wirtschaftsstandort.

1905 Gründung der expressionistischen Künstlergruppe »Die Brücke«.

1918 Nach dem Ersten Weltkrieg dankt der sächsische König Friedrich August III. mit den Worten ab: »Nu, dann machd eiern Drägg alleene.«

1920 Gründung des Freistaats Sachsen.

1925 Gret Palucca eröffnet ihre künstlerische Tanzschule.

1945 Im Dresdner Feuersturm alliierter Flieger sterben etwa 25 000 Menschen, das Stadtzentrum wird völlig zerstört.

1976 Neubau der Hofkirche, seit 1980 Bischofssitz.

1985 Wiedereröffnung der Semperoper.

1990 Die DDR gründet den Nationalpark Sächsische Schweiz. Politische Wiedervereinigung von DDR und BRD.

2004 Das Dresdner Elbtal wird UNESCO-Weltkulturerbe.

2005 Weihe der rekonstruierten Frauenkirche.

2009 Der Bau der Waldschlösschenbrücke führt zur Aberkennung des Weltkulturerbe-Status.

2014 In Dresden formiert sich der politisch rechts agierende Verein Pegida. Die Gegenbewegung heißt offen und bunt »Dresden – Place to be!«.

2025 In diesem Jahr will Dresden Kulturhauptstadt Europas sein.

Der Bau der Waldschlösschenbrücke kostete den Weltkulturerbe-Status

Alle Blickpunkt-Themen in diesem Band:

Register

Register

Bildnachweis

Titel: Frauenkirche am Neumarkt
Foto: **mauritius images** (imageBroker/Frank Bienewald)

Impressum

Herausgeber: GRÄFE UND UNZER VERLAG GmbH, Postfach 86 03 66, 81630 München
Leitender Redakteur: Benjamin Happel
Autoren: Elisabeth Schnurrer, Axel Pinck
Verlagsredaktion: Katja Tegler (verantw.), Nora Köpp, Gernot Schnedlitz, Nadia Turszynski
Lektorat und Satz: Thomas Rach, www.bintang-berlin.de
Bildredaktion: Barbara Schmid
Schlusskorrektur: Jessika Zollickhofer
Reihengestaltung: Eva Stadler
Kartografie: Kunth Verlag GmbH & Co. KG, München
Herstellung: Mendy Willerich
Druck: Drukarnia Dimograf Sp z o.o. (Polen)

Ansprechpartner für den Anzeigenverkauf:
KV Kommunalverlag GmbH & Co. KG, MediaCenter München,
Tel. 089/928 09 60

ISBN 978-3-95689-360-5
2., unveränderte Auflage 2018

© 2018 GRÄFE UND UNZER VERLAG GmbH, München
ADAC Reiseführer Markenlizenz der ADAC Verlag GmbH & Co. KG, München

Leserservice
adac@graefe-und-unzer.de
Tel. 00800/72 37 33 33 (gebührenfrei in D, A, CH)
Mo–Do 9–17 Uhr, Fr 9–16 Uhr

Bei Interesse an maßgeschneiderten B2B-Produkten:
veronica.reisenegger@graefe-und-unzer.de

GRÄFE UND UNZER

Ein Unternehmen der
GANSKE VERLAGSGRUPPE

Unterwegs in Dresden

Es zeigt an Radeburger Straße, Königsbrücker Straße, Bautzner Landstraße und Stübelallee in Text und Bild digital die aktuelle Lage auf der Loschwitzer, Waldschlösschen-, Albert-, Carola-, Augustus- und Marienbrücke an, Autofahrer können dann gegebenenfalls rechtzeitig eine Alternativroute wählen.

■ Details unter www.dresden.de/ ebis-sued-nord und www.dresden.de/ ebis-nord-sued

Hoch hinaus

Gleich zwei Seilbahnen – die Standseilbahn von Loschwitz zum Weißen Hirsch und die Schwebebahn von der Pillnitzer Landstraße nach Oberloschwitz – erschließen im Dresdner Osten bequem die Anhöhen des Elbtals. Ein Erlebnis nicht nur für fußmüde Wanderer.

■ Details auf S. 99, S. 103 und S. 135

Ohne Handicap

Dresden bemüht sich sehr um möglichst barrierefreien Zugang für alle Gäste zu seinen Museen und Kirchen, Theatern, Sammlungen und sonstigen Sehenswürdigkeiten. Der regelmäßig aktualisierte »Stadtführer für Menschen mit einer Mobilitätsbehinderung« informiert in gedruckter Form und online über die Lage vor Ort, über Rampen, Türbreiten, berollbare Gehwege, Hilfsmittel für Hörbehinderte u.v.m.

■ Infos unter www.kompass-dresden. org und in der Tourist-Information Dresden

Wasserwege

Sicher, auch Kanuten, Paddler und Segler lassen sich das Vergnügen einer Elbtour nicht nehmen. Doch der Klassiker auf der Elbe ist und bleibt eine Fahrt mit dem Schaufelraddampfer – die befahrbare Strecke reicht vom Elbsandsteingebirge über das barockschöne »Elbflorenz« stromabwärts bis westlich über Meißen hinaus und ist in jedem Abschnitt ein Erlebnis.

■ Details auf S. 110, S. 129, S. 132, S. 133 und S. 135

Richtig verbunden

Verkehr soll fließen, in Dresden vor allem auf den innerstädtischen Elbbrücken. Dafür sorgt das EBIS, das Elbe-Brücken-Informationssystem.